DORLI NAUTA

FROM A TO A
AND BACK AGAIN

THE STORY OF WIM NAUTA

1943 – 1945

Best wishes
Dorli

D Nauta

Feb. '18

In memory of my Papa and Mama.

You shaped me and taught me how to live life with fun, love and courage.

Also in memory of my younger sister Joke who left this life much too soon.

To Solidarity and Resilience.

This has been written with my family in mind, so that they'll know where they've come from.

Dorli Nauta, England 2017

PROLOGUE

The Netherlands had escaped the horrors of the First World War and as a country the living was gentle with the largest part of the population involved in farming and fishing and other centuries old crafts. In the South of the country mining provided an income, whilst in the West it was the harbours and associated industries that formed the main source of revenue. The intelligentsia was mainly occupied with inland waterworks and architecture.

When in the autumn of 1939 the army was mobilised there was a disbelief that The Netherlands would be involved in a war; that attitude, elderly equipment and weapons told their own story. The Netherlands had proclaimed neutrality when war broke out in September 1939, just as it had in World War I but Hitler ordered it invaded anyway.

In the early morning of the 10th of May 1940 the bridge over the river Maas at Buggenum was blown up and the shock to the Dutch was enormous.

The Netherlands were at war. On 15 May 1940, one day after the bombing of Rotterdam, the Dutch forces surrendered. The Dutch government and the royal family escaped and went into exile in Britain. In 1942 The German State began to suffer setbacks; the advance of the army was halted, and the troops stalled at many fronts. More and more German men were sent to the front, more and more German women had to work in the war industry. There was a severe shortage of labour and the Germans started to look elsewhere for workers. The Netherlands had to supply labour also. The occupation of the Netherlands took on a grimmer face.

During the war about 550.000 Dutch people were forced to work for the Germans. That represented with regards to the numbers of inhabitants of 9 million people more than 6%. The Netherlands were hit hard. A total of about 30.000 people died of the consequences of this forced labour.

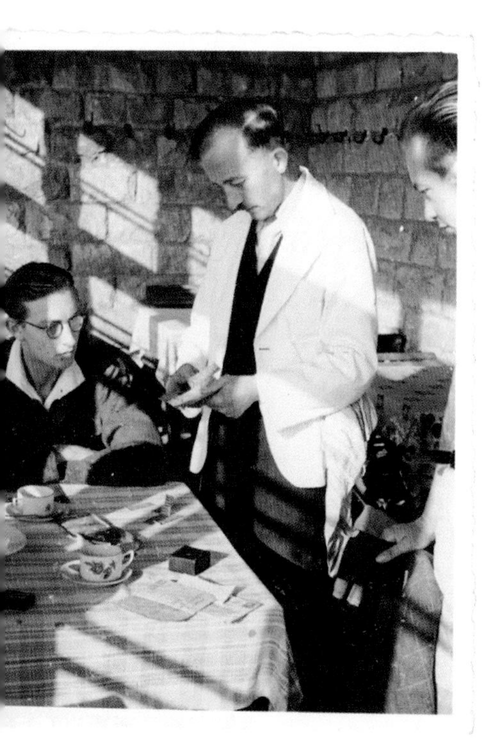

Voorspel.

Dinsdag, 15 Juni 1943.

We zitten met z'n vieren in de trein ergens tussen den Bosch en Mokum, Jan, Ton, Carel en ik. We zijn moe en slaperig en voelen ons vuil, terwijl ook de witte kampbroekjes van kleur veranderd zijn. Sinds Zaterdag zijn we op stap, hebben gezworven en gepierd en omdat 2 dagen eigenlijk toch maar kort is, hebben we er een dag bijgepikt.
Bij Eindhoven krijgt Ton een idee om de verveling wat te verdrijven en omdat hij daar beslist papier bij nodig heeft, koopt hij op 't perron de laatste editie van "Het Handelsblad".
De ongelukkige! Het eerste waar ons oog op valt als hij het blad openvouwt is een oproep voor alle mnl. personen tussen 18 en 20 jaar om zich voor werk in Duitsland te melden, en de krant wordt niet voor 't doel gebruikt waarvoor ze gekocht is, maar wat het bewuste bericht betreft

Prelude

Tuesday, 15th June 1943

The four of us are somewhere in the train between Den Bosch and Mokum; Jan, Ton, Carel and I. We are tired, sleepy and feeling filthy, like our white shorts that have changed colour too. Since Saturday we've been walking just about everywhere, playing the guitar, collecting money and because 2 days is not very long, we decided to take an extra day.

Around Eindhoven, Ton gets an idea to relieve the boredom of the journey and since he definitely needs a paper to do this, he buys the last edition of "Het Handelsblad "on the platform.

Very unlucky! The first thing he notices when he opens the newspaper is a call up announcement for all males between the ages of 18 and 20 to report for work in Germany; the paper is not used for the purpose it has just been bought, instead we scrutinise the article again and again.

tot de laatste letter ge-ëxpeld.
Onze medereizigers zijn ook hevig geïnteresseerd, en 't slot van 't liedje is, dat Ton zijn dierbare krant in Utrecht met een van onze medepassagiers ziet verdwijnen.
De rest van de reis hebben we het hoofdzakelijk nog maar over deze nieuwste manier om arbeidskrachten te werven. De Ausweisen waar we allen zo kwistig mee bedeeld zijn, zijn vervallen, maar in het begin zien we de toekomst toch nog niet zo donker in. We komen pas terug van een trektocht waarop we zonder geld of bonnen 3 dagen super gegeten en geslapen hebben, dus duiken lijkt ons niet zo moeilijk. Maar dan bedenken we, dat iemand in de leeftijd van ± 19 jaar en van 't mnl. geslacht binnenkort in Nederland slechts clandestien zal kunnen rondlopen en ons optimisme daalt weer.
In Amsterdam enteren we een tram, en 10 minuten later loop ik met Jan over de Lijnbaansgracht, met toch wel een voldaan gevoel, dat ik direct weer eens gezellig thuis zal zitten en weer eens een fijne opgewarmde kliek zal eten.

Our fellow travellers are equally interested, and eventually Ton sees his beloved newspaper disappear when one traveller getting off at Utrecht, takes it with him.

The rest of the journey we talk mainly about this latest way of recruiting labour. The Ausweisen (ID permits) that we had been given, so generously, have been invalidated.

However at first we are not too worried about the future. We've just returned from a hiking trip during which we managed, for 3 days, without money or coupons, to eat and sleep very well; so going underground doesn't seem too difficult to us. But then we realise that before long, any male aged around 19 and over, will only be able to be in The Netherlands illegally and our optimism evaporates again.

Back in Amsterdam we take a tram and 10 minutes later, Jan and I are walking along the Lijnbaansgracht; I'm feeling quite pleased that before long I'll be cosy at home, eating some tasty heated up leftovers.

When I get upstairs, there are not only the afore mentioned delicacies waiting for me, but a call up paper from the Labour Exchange, informing me that I will have to report this very Thursday at 2 o'clock at the Stadshouderskade building "Atlanta".

It seems that they have a great need for me in Germany!

Thursday, 17th June 1943 14.00 hours
Building "Atlanta "Stadhouderskade Amsterdam

Once I have checked in with my call up card, Ausweis and birth certificate, I'm left waiting, for about half an hour, in a narrow stuffy little room, together with the other victims. Each time, when a small timid little man sporting a large triangle on his lapel, enters the room, a true howling breaks out, we surge forwards to hear whose name is being called out as well as trying to stamp on the toes of the poor unfortunate man. The result of this sport is that the little man drags himself ever slower into the torture chamber. However, we notice with great regret that we can't manage to make him disappear from this earth.

Als ik boven kom, wachten behalve de bovengenoemde heerlijkheden nog iets anders op me, n.l. een oproep van de Arbeidsbeurs om me a.s. Donderdag om 2 uur op de Stadhouderskade, Gebouw „Atlanta" te melden. Ze schijnen me in Duitsland hard nodig te hebben!

Donderdag 17 Juni 1943, 14 uur
Gebouw „Atlanta" Stadh. kade, A'dam.

Als ik me met mijn oproepkaart, Ausweis en stamkaart heb gemeld, wacht ik ca. 1½ uur in een klein, benauwd lokaaltje, dat stampvol is met andere slachtoffers. Iedere keer als er een klein, benepen ventje met een grote driehoek op z'n revers binnenkomt, gaat er een waar gehuil op, en dringen we naar voren, eensdeels om te horen, welke namen er afgeroepen worden, anderdeels om een poging te wagen het stakkie ongeluk op z'n tenen te trappen.
't Gevolg van deze sport is, dat 't kereltje hoe langer hoe langzamer de folterkamer binnenstrompelt. Tot onze grote spijt lukt het ons echter niet, 'm van dit ondermaanse te doen verdwijnen.

Als de 1½ uur wachten om zijn, wordt mijn naam
eindelijk afgeroepen en tezamen met 4 andere jongens wordt ik gekeurd, d.w.z. ik kleed me in
record-tijd aan- en uit en in de tijd dat ik niets
aan heb als mijn sokken, imiteer ik voor den dokter
een blaasbalg en laat mijn gebit bewonderen, aangezien de dokter 't spreekwoord, dat je een gegeven paard
niet in de bek moet kijken, niet schijnt te kennen.
„Ogen goed, oren goed, kleed u maar weer aan", is 't slot
van het 60 seconden onderzoek, en 2 minuten later horen
we, dat we allen goedgekeurd zijn, wat ons natuurlijk
zeer verheugd, en begeven we ons naar de volgende
wachtkamer, om onze contracten in ontvangst te nemen.
't Contract blijkt te bestaan uit de laconieke mededeling
dat ik op Maandag, 21 Juni om 2 uur 's middags
naar Berlijn, Brandenburg moet vertrekken.
Wat ik verdien, waar ik zal moeten werken, en wat
voor werk ik zal moeten verrichten, blijft voorlopig nog
een verrassing. Er is tevens gelegenheid om fl. 34.-
voorschot op te nemen, waarvan fl. 20.- moet worden
terugbetaald. Aangezien ik echter geen zin heb, om
mezelf voor fl. 34.- te verkopen, benut ik deze gele-

When the half hour wait is up my name is finally called out and together with 4 other boys I am examined. This takes the form of me getting undressed and dressed again in record time. When wearing nothing more than my socks I imitate a pair of bellows for the doctor and let him admire my teeth; the doctor doesn't seem to know the adage: "Don't look a gift horse in the mouth."

"Eyes good, ears good, get dressed again please." So ends the 60 seconds examination and 2 minutes later, we learn that we have all passed, which of course pleases us no end. We go to the next waiting room, where we receive our contracts. The contract seems to consist of the simple announcement that I have to leave for Berlin, Brandenburg on Monday the 21st of June at 2 o'clock in the afternoon.

How much I'll earn, where I will work and what kind of work it will be, remains for now a surprise. There is also the opportunity to take 34 Florins in advance payment of which Fl. 20. - has to be repaid. I don't take advantage of this offer, since I have no intention to sell myself for Fl. 34.-Instead I return home to tell them all that's happened to me this afternoon.

In the evening hanging out of my bedroom window, I take a good look at the Westertoren, when I'm awoken from my dreaming by the familiar whistle of Jan and Carel.

They drag themselves up the stairs leading to my domain and Jan starts straight away to give a résumé of all the various offices he has visited trying to get an exemption from working in Germany. We count the places and it turns out to be 20 divided over 6 towns and the result is 0 – 0! Carel is in possession of the same Ausweis that I had and he doesn't trust it at all. We decide to visit Ton to discuss the situation. We find him having dinner, after a 12 hour working day. All evening long we study the papers and brochures and the result of the discussion is that I will leave for Utrecht de following day to find out from the Land Service further information regarding land work in the East.

The following morning, prior to departing for Utrecht, I visit my office for the last time; my boss has only one word for all Germans: "Slave traders."

genheid niet, maar ga naar huis, om daar de bele-
venissen van deze middag te vertellen.
's Avonds hang ik uit 't raam van mijn kamer om de
Westertoren nog eens goed te bestuderen en wordt uit mijn
gedroom gewekt door 't bekende fluitje van Jan en Karel.
Ze hijsen zich de treden op die naar mijn domein
voeren en Jan begint meteen met een opsomming te
geven van de diverse bureaux die hij heeft bezocht om
vrijstelling van werk in Duitsland te krijgen.
Bij telling blijken het er een kleine 20 te zijn geweest
verdeeld over 6 steden en 't resultaat is 0,0. Karel is
in 't bezit van een zelfde Ausweis als ik bezat en zijn
vertrouwen hierin is minimum. We besluiten om Ton
op te gaan zoeken, om de situatie te bespreken, en vinden
Ton na een 12-urige werkdag aan zijn avondeten.
De hele avond bestuderen we kranten en brochures en 't
resultaat van de besprekingen is, dat ik de volgende dag
naar Utrecht vertrek om bij de Landdienst inlichtin-
gen in te winnen omtrent landarbeid in 't Oosten
De volgende morgen ga ik, voor ik naar Utrecht vertrek,
voor de laatste keer naar kantoor, waar mijn chef 't hele
Germanendom in één woord typeert: „Slavenhandelaars!"

Onverrichterzake keer ik 's middags terug, landdienst is slechts voor personen tot 16 jaar. Telefonisch deel ik 't resultaat van m'n zending mee, en besluit alvast, de vrijheid te nemen om a.s. Maandag niet te vertrekken, en bespreken meteen de voor' en nadelen van de N.S.K.K.
Om half 8 's avonds gaan Jan en ik Carel opzoeken, om te vragen wat die van plan is te doen. Jan en ik zijn n.l. al besloten om ons bij de N.S.K.K te melden, mits we bij elkaar kunnen blijven.
Ook Carel besluit mee te gaan, maar als we de zaak aan z'n vader voorleggen, blijkt deze er sterk tegen te zijn en raadt ons aan om eerst nog eens een poging te wagen bij Carel z'n tante, om te zien, of die geen betere oplossing weet.
In stormpas gaan we met z'n 3en op weg, maar Carel z'n tante blijkt niet thuis te zijn, gelukkig kunnen we haar nog opbellen.
't Resultaat van 't telefoontje is, dat we de volgende dag om 10 uur nog eens moeten bellen, en dan spurten we naar huis, om voor 11en binnen te zijn.

In the afternoon I return from Utrecht, having achieved nothing; the Land Service is only for persons up to age 16. I tell the others by phone what I have found out, and decide at the same time to take the liberty not to depart this coming Monday, and to discuss at the same time the pros and cons of the N.S.K.K (Nationalsozialistische Kraftfahrkorps).

At half past 7 that evening Jan and I are going to see Carel, to find out what he has decided to do. Jan and I have already decided to report to the N.S.K.K., so long as we can stay together.

Carel also decides to come with us, but when we tell his dad about our plans, it turns out that he is not at all in agreement and advises us to go and see Carel's aunt to see if she can't come up with a better solution. The three of us set off at high speed, running all the way, but Carel's aunt is out. Fortunately we can phone her. The result of the phone call is that we have to phone her again the following day at 10; then we rush home, to be in by 11 o'clock. (Curfew)

The next morning Jan and I arrive at Carel's office, to be present during the phone call. At exactly 10 o'clock Carel phones and 5 minutes later we are on our way to the Atlanta building to speak to a certain H.Damman. After waiting for about 1 hour we succeed in talking to Damman and tell him that we will go and work in Germany provided we can stay together. Fortunately this appears to be possible; we sign our contracts at once, abiding by the same conditions as our German working comrades, for the Interessen Gemeinschaft A.G. a company based in Auschwitz, to work in the office.

Next Tuesday we will return for the medical examination.

Then we hurry home as fast as we can because at half past 3 we have to be at the Central Station; so that the 4 of us can make the last weekend. We phone Ton to tell him the score, but Ton's parents are not convinced by our theory that we have got to go, so we had better go voluntarily. So one of our very beloved "Trekvogels" (Migratory birds, group of friends who went away most weekends, walking, singing, playing guitars.) will stay behind in Holland.

De volgende morgen zijn Jan en ik om ~~10~~ half 10
bij Carel op kantoor, om bij de opbellerij aanwezig
te zijn. Om 10 uur precies belt Carel op, en 5 minuten later zijn we onderweg naar Gebouw Atlanta
om daar een zekere Mr. Damman te spreken te krijgen.
Na een uurtje wachten gelukt ons dit, en vertellen we
Damman, dat we wel in Duitsland willen gaan
werken mits we bij elkaar ~~tot~~ kunnen blijven. Gelukkig blijkt dit mogelijk te zijn, en tekenen we meteen
ons contract om, onder dezelfde voorwaarden als onze Duitse
arbeidskameraden, bij de Interessen Gemeinschaft, Auschwitz.
A.G. op kantoor te komen werken. A.s. Dinsdag zullen
we terugkomen voor de keuring.
Dan maken we, dat we thuiskomen, want om half 4
moeten we op het C.S. zijn om met z'n 4en 't laatste
weekend te maken. We bellen Ton nog op, om 'm te
vertellen, hoe de zaken staan, maar Ton z'n ouders schijnen onze overtuiging, dat we toch weg moeten, en dus
beter vrijwillig kunnen gaan, niet te delen en dus
zal er één van onze zozeer geliefde „Trekvogels" in
Holland achterblijven.

Ons laatste weekend staat in 't teken van het a.s. vertrek, en we nemen hartelijk afscheid van de vader en moeder in Vught. Bij ons vertrek uit de J.H. brengt vader ons met de N.J.H.C.-vlag nog een laatste groet. Driemaal zakt de vlag langzaam naar beneden en dan keren we de J.H. de rug toe. Wanneer zullen we die weer terug zien?

De Dinsdag volgende op dit weekend worden we gekeurd, met 't zelfde tempo waar ik reeds mee gekeurd ben nemen onze fl.34.- voorschot op, en delen mede dat wij a.s. Maandag wensen te vertrekken. We moeten n.l. zorgen weg te zijn, voordat ze op de beurs in de gaten krijgen dat ik de vorige Maandag uit naar Berlijn ben vertrokken.
Dan begint onze pelgrimstocht langs de diverse bureaux om onze papieren in orde te krijgen. Vooral 't distributie kantoor kost ons tijd, en we komen daar uit de slag met de volgende resultaten:

Karel: 1 Tweedjas, 1 2-delig costuum, 1 stel ondergoed en 1 overhemd.

Jan: 1 stel ondergoed en 1 paar sokken.

Mijzelf: 1 stel ondergoed, een overhemd en een 2-delig costuum

Our last weekend is all about our imminent departure and we bid a fond goodbye to the 'father' and 'mother' of the hostel in Vught. When we leave the Youth Hostel the father salutes us with the N.J.H.L. flag for one last time. The flag is slowly lowered 3 times; then we turn our back on the Youth Hostel. When will we see it again?

The next Tuesday we have the medical examination and are passed with the same speed as I have already been passed before, we take the Fl. 34. - and announce that we wish to leave the next Monday.

We have to make sure to be on our way before they find out at the Labour Exchange that I didn't leave for Berlin the previous Monday. Then begins the pilgrims' journey to various offices to get our papers sorted out.

It takes particularly long at the Distribution office where we leave with the following:
Carel: 1 tweed coat, 1 two piece suit, 1 set of underwear and 1 shirt.
Jan: 1 set of underwear and 1 pair of socks.
Myself: 1 set of underwear, 1 shirt and 1 two piece suit.

We can't fathom the reasoning behind this "honest" distribution, since not one of us three have received any extra allowances for coats or suits in the last half year.

However, during the last few days we have become used to riddles and since protesting is of no use, we just accept it.

Not one of us possesses a suitcase, but as former members of the Zinc Well Club we manage of course to find some. Jan in particular scrounges a huge suitcase, with enormous capacity. He needs it though, because as usual, he's the one who carries the most stuff.

On the last Saturday we say goodbye to our beloved families and on Saturday night the four of us go to the cinema one last time. Before we go we have to do something special. We wear our best clothes and pay for the most expensive places.

Wat de reden van deze „eerlijke" verdeling is, is ons een groot raadsel, want extra toewijzingen voor jassen of pakken hebben we geen van 3en de laatste 1½ jaar gehad, maar we zijn de laatste dagen al aan raadsels gewoon geraakt, en aangezien protesteren niet helpt, leggen we er ons maar bij neer.
We zijn geen van allen in 't bezit van koffers, maar als ex-Kinkputters gelukt het ons natuurlijk wel, er eentje op de kop te tikken. Vooral Jan bezit een reuze koffer, met een inhoud van ettelijke kubieke registerton. Hij heeft die echter wel nodig, omdat ie, zoals al[...] weer de meeste rommel meesleept.

De laatste Zaterdag nemen we afscheid van onze [...] familieleden, en Zaterdagavond gaan we nog [...] zijn vieren naar de bios, in onze beste kleren en [...] voor de duurste plaatsen. We moeten, voor we w[...]offen [...] nog iets bijzonders doen.

[...]s
[...]schijs
[...]der broekjes
[...]grote handschoen
[...]kleine „

Zondag moeten we eigenlijk afscheid nemen van
onze vroegere mede-trekkers, maar we zijn te moe gelopen in de afgelopen week, om onze laatste dag ook
nog visite's af te gaan leggen, en blijven thuis.
En nu blijkt, dat die lievelingen ons toch niet zo
zonder meer laten vertrekken, want eerst krijgt Jan
en dan ik bezoek van Rickie en Alie. Careltje heeft
natuurlijk weer pech, want die is net niet thuis
als die dotten komen.
Heutavonds om 7 uur komen Jan en ik van Carel van-
nemen en in de Schaepmanstraat kopen we ons laatste
a.s. Max Hollands ijs, waarna we onze bedden opzoeken,
gen wege moeten al om 5 uur op. Morgen, om
krijgen 's vertrekt onze trein naar Auschwitz!
Zijn ben
Dan begint
gen onze papa
kantoor kost ons
met de volgende:
Carel: 1 Tweedjas, 1
overhemd.
Jan: 1 stel ondergoed
Zelf: 1 stel onde

On Sunday we really should say goodbye to our erstwhile fellow-hikers (girls) but we've worn ourselves out during the past week. So we decide not to go visiting on our last day and stay at home. But it turns out that those darlings won't let us leave just like that; first Jan and then I are visited by Riekje and Alie.

Careltje has of course bad luck because he just happens to be out when those lovelies arrive.

At 7 o'clock that evening Jan and I leave Carel's and in the Schaepmanstraat we buy our last Dutch ice cream; then we go to bed because we have to be up at 5 o'clock. Tomorrow at 7 o'clock our train for Auschwitz departs!

28th June 1943, 7.00 hours, Central Station

We're sitting in the train, waiting for the moment when at last we will leave. Above my head, in the luggage rack lies the gigantic suitcase of Jan, Carel has a normal sized suitcase where as I have a normal sized suitcase and my accordion case. All three of us have our instruments in bags with us. The contents of my suitcase are as follows:

2 white shirts
1 coloured shirt
2 pairs of white socks
2 pairs of thin socks
1 grey suit
1 pair of black gloves
1 pair of sandals
1 tube of toothpaste and brush
2 pots of shoe polish
1 pot of brilliantine
1 pair of gloves
Strings (guitar)
1 scarf
5 ties
1 packet of matches
Photos
Paper envelopes
2 pairs of pyjamas
4 vests
3 pairs of underpants
3 big towels
3 small towels

28 Juni 1943, 7⁰⁰ uur, Centraal Station

We zitten in de trein en wachten op 't moment, dat we eindelijk zullen vertrekken. Boven mijn hoofd ligt in 't bagagenet de monsterachtige koffer van Jan, Carel doet bescheidener met één normale koffer, en ikzelf ben uitgerust met een gewone koffer en mijn accordeonkoffer. Bovendien hebben we alle 3 onze instrumenten in hun zijtassen bij ons. De inhoud van mijn koffers is 't volgende:

2 Witte Overhemden
1 Gekleurd
2 pr. witte sokken
2 " dunne "
1 grijs costuum
1 pr. zwarte schoenen
1 " sandalen
1 tube tandpasta en borstel
2 doosjes schoensmeer
1 potje brillantine
1 pr. handschoenen

snoeren
1 shawl
5 dassen
1 pak lucifers
Foto's,
Papier en enveloppen
2 Pyamas
4 Zakdoekjes
3 Onderbroekjes
3 grote handdoeken
3 kleine "

3 Washandjes
1 Spiegel
1 paar Wanten
Oorkleppen
3 pr. grijze sokken
Naaikistje.
Schapenwollen kousen
Turnbroekje
Sportbroekje.

2 lange onderbroeken
6 Zakdoeken
Slipover.
Trui
2 Halsdoeken
1 Kampbroekje
1 Lumber.
Schoenensp. en veters
1 blik met brood enz.
1 Koek.

Over deze inhoud hebben we een week lopen denken, of er niets vergeten was, en natuurlijk zal ik nog wel het een of ander ontdekken, dat beslist mee had gemoeten, maar wat dat betreft zal ik wel niet de enigste zijn.

7.10 uur:

We hangen uit 't coupé-raampje en drukken handen, zoenen, en hebben slechts een gedachte: „Laat die trein in Godsnaam gauw wegrijden!"
Ons gebed wordt verhoord, de trein begint te rijden.

3 face cloths	2 pairs of long underpants
1 mirror	6 handkerchiefs
1 pair of mittens	Slipover
Ear flaps	Sweater
3 pairs of grey socks	2 neckerchiefs
Sewing kit	1 camping badge
Sheep woollen socks	Anorak
Swimming trunks	Shoe repair and laces
Sports shorts	1 tin with bread etc.

1 cake

We have been thinking about these contents for a week, did we forget anything, I'm sure I will discover that there was something I should definitely have taken, that was essential, but as regards that I won't be the only one.

7.10 hours:

We're hanging out of the train carriage window, pressing hands, kissing; we've got only one thought: "Please God, let the train leave quickly! "

Our prayer is answered, the train starts to move, we’re waving and calling out to our families that are running along the platform, and then we’re out of the Central Station.
The journey has started!

we zwaaien en roepen naar de op 't perron achtergebleven de familieleden en dan zijn we 't Centraal Station uit. De reis is begonnen!

De coupé waar we in zitten is hartstikke vol, grotendeels
met voormalige krijgsgevangenen, die naar Amersfoort moeten
om zich weer te melden. We kunnen onze voeten nergens bergen
doordat de koffers en tassen die op de grond gedeponeerd zijn,
en draaien met moeite een sigaret.
In Hilversum stopt de trein, en wordt de coupé bestormd
hoewel er al iemand met zijn hoofd buiten 't raampje
hangt omdat hij dit lichaamsdeel binnen niet kan
bergen.
We schreeuwen dat alles vol is, maar er ~~stak~~ is toch
nog een optimist, die meent, z'n vette lichaam nog
wel naar binnen te kunnen persen. Hij rukt de
coupédeur open, krijgt meteen haast een koffer op
z'n hoofd, en doet dan een sprong, waarbij z'n ene
voet op Jan z'n borst, en z'n andere op mijn benen
belandt.
Onze reactie is snel en afdoende. Uit de op elkaar ge-
pakte massa in onze coupé schieten tientallen armen
naar voren, en even later schiet de indringer met
~~[illegible]~~ een vaart weer naar buiten en maakt een
smakkerd op 't perron. Nog voor hij kan beginnen
te vloeken, rijdt de trein alweer verder, en feliciteren we elkaar met deze grandioze overwinning.
In Amersfoort verlaten de voormalige leden van 't
Ned. Leger de trein. We wensen elkaar veel geluk en een
spoedige terugkeer, en strekken dan onze benen, die haast
in elkaar gekrinkeld zijn eens uit.

The carriage we're in is full to bursting, mainly with former prisoners of war, who have to go to Amersfoort to register (their presence) again. We can't find a space for our feet because of all the suitcases and bags on the floor, and we roll a cigarette with difficulty.

In Hilversum the train stops; the carriage is stormed, even though there is already someone with his head out of the window, because there was no room for it inside. We shout that everywhere is full up, but there is one optimist who thinks that he can squeeze his fat body inside. He pulls the carriage door open hard; a suitcase narrowly misses his head, as he jumps up, landing with one foot on Jan's trousers and with the other foot on my toes.

Our reaction is swift and efficient. Out of the packed together mass of people tens of pairs of arms shoot forwards, and a moment later the intruder is propelled outside, where he lands with a bang on the platform. Before he can start to curse us, the train continues its journey and we congratulate each other on our great victory.

The formers members of the Dutch Army leave the train in Amersfoort. We wish each other a lot of luck and a speedy return; then at last we can stretch our creased up legs.
Until Bentheim our journey is just as normal and boring as every train journey; but then we have to get out and are inspected by the border control; our passports are date stamped and a few unlucky ones have to open their suitcases.

32/12

Auschwitz, 12 Juli 1943.

Beste Allemaal,

Hoe gaat 't in Mokum? Hier is alles nog steeds O.K. We zijn hier nu al aardig ingeburgerd, en maken 't best. Alleen 't werk wat Jan en ik moeten doen is afgelsnid vervelend. Carel heeft het beter getroffen, die zit op een rekenmachine rekeningen te controleren, maar Jan en ik zitten de hele dag zo'n beetje in een map te bladeren en vervelen ons dood. Ik heb dat Mr. v. Weeren ook al geschreven, en wed, dat die aardig de dood in zal hebben, want die zit zich nu in zijn eentje natuurlijk dood te plocteren.

't Eten blijft hier nog steeds prima, we hebben Vrijdag al weer 2 eieren gehad, en 't vlees op de andere dagen wordt nog steeds gehandhaafd. Een nieuw snufje van onze model keuken is op 't ogenblik nog 's middags een toetje van rabarber en 's avonds een glas melk. Alleen 't brood is op 't eind van de week wat krap, want dan krijgen we Zondagavond geen soep, maar alleen maar een stuk brood, en daar moeten we dan 2× van eten, en we ontbeten een beetje met beleg, maar dat komt, omdat we een beetje te royaal zijn.

't Weer is hier niet veel bijzonders, op 't ogenblik is 't hier om te stikken van de warmte, maar meestal is 't 's morgens mooi weer, en dan kijken we uit 't raam, zien, dat de wind west is, en nemen onze regenjassen maar mee, want dan giet het 's middags. En als 't dan zo'n buitje geregend heeft, kun je hier wel pootje baden. Ze hebben hier nog niet alles bestraat, daar zijn de Polen en Polinnen op 't ogenblik nog mee bezig, en met regen is 't hier een reuze modderpoel.

Zeg Moe, u kunt me een lol doen, om een paar gummilaarzen, of overschoenen voor me op de kop te tikken, en die op te sturen, en als

Auschwitz, 12th July 1943

Dear All,

How are you doing in Mokum? (Slang for Amsterdam). Everything is still ok here. We have made ourselves at home and things are going ok. But the work that Jan and I have to do is extremely boring. Carel is luckier he has to check invoices on a calculating machine, but Jan and I spent most of the day leafing through some files and are bored to tears. I have written about this to Ur van Weeren as well, and I bet that he will be really hacked off, because he is all by himself now, working himself to death.

The food remains still very good, on Friday we got 2 eggs again, and the meat rations for the remaining days are still being maintained. Our model kitchen latest wheeze is a desert of rhubarb at lunch and a glass of milk in the evening. At the end of the week the bread runs low, because then we don't get soup on a Sunday evening, only a small loaf, and from that we have to eat for 2 meals, and we're struggling with the spread, but that's probably because we are being too generous putting it on.

The weather here is nothing special, at the moment it is suffocatingly hot, but most of the time it is nice in the morning, and then we look out of the window to see if the wind comes from the West, and if so we always take our raincoats, because then it usually rains by the afternoon. When it has been raining hard, you can wash your feet in the puddles. They haven't paved everywhere yet, the Polish men and women are doing that at the moment, and with the rain it is like a big mud pool here.

Say Mum, you could do me a favour if you could find me a pair of gum boots or over shoes, and send them up, and if that's

dat niet gaat, stuur dan mijn regenpijpen op, want van de herfst
loopt de hele boel hier onder, en van de winter ligt de sneeuw hier
wel een paar meter. Ik heb tenminste mijn bruine schoenen maar op
stal gezet, want die rotten gewoon van je voeten af.
We hebben Vrijdag een nieuwe manier uitgedacht, om geld uit te geven,
we waren (hoe bestaat 't hè?) door onze sigaretten heen, en hebben een
paar adressen op de kop getikt, een pakje van 20 stuks kost ons nu 10 m.
Brood is lastiger aan te komen, maar ook die weg is al gevonden, al is 't
dan ook niet veel, maar in 't casino waar we eten bedient een
Hollandse kellner, en dat scheelt natuurlijk.
Mijn werktijd is op 't ogenblik wat verkort, n.l. van 7 tot 12 en
van 1 tot 6. Ik ben blij toe, want elke morgen om 5 uur op
valt niet mee. Gisteren, dus Zondag had ik vrij, natuurlijk Zater-
dagmiddag ook, en we hadden willen weekenden, maar dan hadden
we Vrijdag onze bonnetjes al om moeten wisselen voor Urlaubmarken
en dat wisten we niet. We zijn toen Zaterdag 's middags maar wat
wezen zwemmen, en hebben Zondag eens lekker uitgeslapen, want Zaterdagavond zijn we om half 10 nog een eindje gaan lopen en
pas om bij enen thuis gekomen. 't Was reuze fijn weer, de maan
scheen, en we liepen daar met z'n drieen over zo'n landweggetje
langs bossen en vennetjes, 't was doodstil, en in de verte zag je de
lichten van de fabrieken en aan de andere kant de bergen, terwijl ze
in 't Russische lager aan 't zingen waren, net 't Don Kozakkenkoor
super!
Zondagmiddag zijn we naar Libiaz wezen lopen, dwars door de bossen
en onderweg hebben we nog gespeeld in een Gaststatte, en daar
natuurlijk diverse potjes bier gehijst en een heel pakje cigaretten. Jan
had z'n foto-toestel bij zich, en we hebben nog foto's gemaakt met

not possible, then send my rainproof trousers, because in the autumn everything floods here, and in the winter the snow is a couple of metres high. In any case I've put my brown shoes away for now, because they just rot off your feet.
On Friday we have found a new way to spend money, we were (how is that possible, he, he,) out of cigarettes and have found some addresses where you can buy a packet of 20 for DM 10. It is harder to find bread, but already we have found a way, even though it is not much, but in the canteen where we eat is a Dutch waiter and that helps of course.
My working hours have been shortened at the moment, from 7 to 12 and from 1 to 6. I am very pleased because getting up at 5 in the morning is not easy. Yesterday, Sunday, I was off, Saturday afternoon as well of course. We had wanted to go away for the weekend, but then we should have handed in our slips of paper for Holiday Leave on the Friday, and we did not know that.
So then we went for a swim on Saturday afternoon and on Sunday we had a good lie-in, because on Saturday evening we had gone out for a walk at half past 9 and we didn't get home until around 1 o'clock. The weather was terrific, the moon shone and we were just walking there, the three of us along one of those little country lanes past woods and ponds, it was very quiet and in the distance you could see the lights of the factories and on the other side the mountains, they were singing in the Russian barracks, just like a proper Cossack choir, super!
On Sunday afternoon we've walked to Libiaz, right through the woods and on the way we have played our guitars in a café, and of course begged for various beers and a whole packet of cigarettes. Jan had his camera with him and made some photos.

Auschwitz, 20. Juli 1943.

Hallo Mokum, hier zender Auschwitz
op dezelfde golflengte als Katowice met de wekelijkse berichten
van 't Poolse front. Zet jullie de radio even aan? Of is die al foets.
't Is hier nog steeds 't zelfde. Tussen 2 haakjes, hebben jullie m'n
vorige brieven ontvangen? Dit is de derde, en ik heb nog steeds geen
bericht terug ontvangen, maar er zijn al jongens die in 4 à 5 weken geen
bericht hebben gehad, die post uit Holland en België komt maar drup-
pelsgewijs door.
Zoals ik in m'n vorige brief al schreef, was m'n werk reuze vervelend,
maar dat is nu gelukkig beter, er is op onze afdeling een Vlaming met
verlof gegaan, en nu heb ik z'n werk overgenomen, dus voorlopig ben ik gedekt.
Ik had deze Zondag moeten werken, maar er was een Ausflucht (d.i. een
uitstapje met de hele afd.) op de Rechnungsprüfung waar Jan en Carel werken
en die hun chef, wou ze met alle geweld mee hebben voor de muziek, en
zij gingen natuurlijk niet zonder mij, en dus heeft hun chef in orde gemaakt
dat ik ook vrij had, dus alweer een dankrede aan m'n gitaar.
Die Ausflucht was super, we hebben 2 uur gelopen langs korenvelden enz.
[illegible] de hemels, in de verte zag je de bergen, en toen zijn we bij een soort
[illegible]steel gekomen, waar we de rest van de dag zijn gebleven.
We kregen soep met spek, of liever gezegd spek met soep; ik heb nog nooit
zo'n loodje spek gegeten. Jan had drie borden op, en heeft alles er
weer uit gespuugd, die kon al die vettigheid niet verdragen.
Verder hebben we ons een ongeluk aan cake gegeten en bier tapten we
zelf maar uit 't vat. Er was nog een tombola ook, en ik heb op een
lot van 1 M. een fles Italiaanse wijn gewonnen, ik zal proberen die
intact te houden om 'm mee naar huis te nemen.
Over wijn gesproken, Zaterdagnacht heb ik me nog een ongeluk

Auschwitz, 20th July 1943

Hello Mokum, here sender Auschwitz
On the same wavelength as Katovoice with the same weekly news from the Polish front. Are you switching the radio on? Or has it already disappeared? Everything is still the same here. By the way, have you received my previous letters yet? This is the third letter, and I still have not received a reply back, there are boys who have heard nothing in 4 to 5 weeks, the mail out of Holland and Belgium arrives intermittently.
As I already wrote in my previous letter, my job was very boring, but that's better now, in our department a Belgium has gone on leave, and I have taken over his work, so for the time being things are better. I was supposed to work this Saturday, but there was a trip out with the entire department of the Invoice Verification where Jan and Carel work. Their boss insisted on them coming for the music and Jan and Carel wouldn't go without me, so their boss made sure that I was off as well, so thanks again to my guitar I got to go.
The trip was super, we walked for 2 hours alongside cornfields etc. Over the hills in the distance, you could see the mountains; then we arrived at some sort of castle where we stayed for the rest of the day. We got soup with bacon, or rather bacon with soup, I've never eaten so much bacon. Jan had already eaten 3 bowlfuls and was sick, he could not stomach all that fat.
We ate as much cake as we liked, the beer we could pull ourselves out of a barrel. There was a tombola as well and I won a bottle of Italian wine with a 1 Mark lottery ticket. I will try to keep the bottle unopened so that I can take it home.
Talking about wine, I had such a laugh on Saturday night. Two Dutchmen, Ufa and Hofman had gone out with 2 girls from the canteen to a friendship night, and they came back at

gelachen. Ufa en Hofman, 2 Hollanders, waren met een paar grietjes uit 't casino naar een Freundschaftsavond geweest, en kwamen om half 3 hardstikke dronken thuis. Hofman ging op mijn bankie staan, en was tegen de kast gaan pissen! Nou, we hebben 'm gauw de kamer uitgewerkt. Ik heb Donderdag nog een reuze ruil gedaan, we zitten hier n.l. op de duur wel een beetje krap met brood, n.l. 6 halve broden voor 7 dagen, en nu heb ik een stuk zeep geruild voor 5 broden. Nou heb ik tenminste een paar weken elke dag ~~[illegible]~~ een ½ brood. De weg naar meer sigaretten etc. is ook reeds gevonden, de Nieuwmarktse geest heerst hier al even hard als in Mokum.

Zeg, ik hoor hier net vertellen, dat er een aanval op Amsterdam is gedaan Alles is bij jullie toch nog in orde? We zijn op 't ogenblik bezig om iemand naar A'dam toe te krijgen, om te informeren, ik hoop maar dat 't doorgaat, hij gaat natuurlijk ook naar jullie toe, maar als jullie deze brief krijgen, zal ie al wel geweest zijn. Als alles goed gaat kunnen we Maandag al bericht hebben.

Nou lui, ik stop, 't giet hier als de hel, en de regen stroomt langs de barakken, een klein model riviertje; ik ga fijn pitten. Schrijven jullie gauw eens terug, want ik zit naar een seintje te snakken.

Nou, 't beste ermee, ik hoop maar dat alles nog O.K. is, en schrijf gauw eens terug.

Dzien Dobbre! (Dat is Pools voor goedendag)

Innige groeten van

Wim

Boat trip I.G.Farben

half past 2 absolutely drunk. Hofman climbed on my bench and made to wee up against the cupboard. Well we quickly removed him out of our room.
On Thursday I did a really good exchange. After a while we tend to be a bit short on bread, we get 6 half loaves for 7 days. I managed to exchange a bar of soap for 5 loaves. So now I will have at least half a loaf a day for several weeks.
In the meantime we've found the way for cigarettes etc. as well, it's like the New Market spirit lives here as well as in Mokum. Say, I've just heard that there has been an attack on Amsterdam, is everything ok with you? At the moment we're trying to get someone to go to Amsterdam, to enquire, I hope it will come off, of course he'll go to you as well. But when you get this letter he will probably have been already. If all goes well we might get word back by Monday.
Well folks, I'm stopping, it rains here like hell, and the rain streams along the barracks, a small model river, and I'm going to sleep. Do write back soon, I'm aching for a sign from you. Well, all the best, I hope everything is ok, reply soon.
Dzgen Dobbere! (That's Polish for Good day) and regards from, Wim

{Deze brief van verleden week is blijven liggen, ik maak die nu vandaag af, dus een portie van 2 weken. 't Is Nr. 4.}

Auschwitz, ~~26 Juli~~ 2 Aug en 26 Juli 1943

Beste Allemaal,

Hoe gaat 't met jullie? Ik heb vandaag 't eerste bericht uit Holland gehad, d.w.z. 't telegram van Mulder, dat alles na 't bombardement O.K. was, tenminste wat de familie van de jongens hier betreft. Zeg mensen, ik denk dat die brief die jullie na-te-zijk allang weggestuurd is, misschien verloren is geraakt bij dat bombardement van Keulen, want daar is een hele bende post bij weggeraakt. Jan en Carel hebben ook nog geen bericht ontvangen. Hier is alles nog steeds O.K. Ik zal maar niet meer over 't eten schrijven, want 't wordt verveland voor jullie om steeds maar naar die heerlijkheden te luisteren, maar wel moet ik jullie nog even vertellen dat we hier nog eens in de maand een koekkaart van 1000 gr. krijgen, en daar kunnen we dus elke week een ¼ pond koek op krijgen of 't zelfde gewicht wit brood. Reuze brood zeg, zo wit als 't hier voor den oorlog was.

Gisteren, dus Zondag, zijn we met z'n vijfen op stap geweest, wij met z'n drieën en nog 2 jongens uit de buurt van Apeldoorn. Wij hebben een super eind gelopen, de heuvels bij Auswitz in. We hadden voor die dag Urlaubmarken bij ons en hebben in Chełmek, jullie weet wel, waar de Bata is in een Gaststätte gegeten. 's Avonds moesten we de Solon over dat is een zijrivier van de Weichsel en omdat we geen zin hadden om ~~over~~ om te lopen naar de brug zijn we met 't hele zaakie overgezwommen. Ik heb jullie eigenlijk nog niets over de „stad" Auswitz hier verteld, nou, dat is een grote puinhoop, zo'n smerige rommel heb je nog nooit gezien. Maar je kunt er nog wel goed eten zonder bon,

Last week's letter was not posted, I'm going to finish this today, so 2 parts for 2 weeks. It's no.4

Auschwitz, 2nd August and 26th July 1943

Dear All,
How are you all? Today I've received the first bit of news out of Holland, namely a telegram from Mulder, that everything was ok after the bombardment, at least regarding the families of the boys here.
You know, I think that the letter that you have send ages ago, could have got lost during the bombardment of Cologne, because a lot of mail was lost there. Jan and Carel have not heard anything either yet. Everything is still ok here. I won't tell you again about the food here, because it will become annoying for you to have to listen to all the lovely things we have here. Although I must tell you that we get a cake coupon of 1000 grams, once a month. With that we can get half a pound of cake each week or the same weight for white bread. Fantastic bread, as white as it was here before the war.
Yesterday, Sunday, we went out the five of us, us three and two other boys out of the neighbourhood of Apeldoorn. We went for a super walk, into the hills of Auschwitz. We had holiday Marks with us and we had dinner in Chelnek, you know where the Bata is, in a restaurant. At night we had to cross the Salou that is a side river of the Weichsel, and because we didn't want to make a detour to the bridge, we swam over with all our gear. I haven't yet told you anything about the "town "of Auschwitz here, well, it's a big mess, you never saw such a load of dirt. But you can have a good meal there, without coupons, namely, tortoise or fried fish with potatoes etc.
Next week on Sunday we're going to try that. There is no

n.l. schildpad of gebakken bot, met aardappelen enz. Volgende week Zondag gaan we dat toch eens proberen.

. Verder is hier geen nieuws, de werkdag is wat lang en vervelend, maar daar zijn we al aan gewend, dat zal ons meevallen als we weer in Holland op kantoor zijn. O, ja, mijn bruine schoenen heb ik naar de schoenmaker gebracht, van de ene heeft 't halve bovenwerk losgelaten en er is hier een goede schoenmakerij van D.G. aangesteld, dus dat komt weer in orde. Mulder is zoeven binnen gekomen, ik heb dat berichtje van jullie gehad, hoe vonden jullie dat, dat door zomaar een afgezant van ons naar A'dam kwam? Wat is dat eigenlijk in dat berichtje? Er staat iets van brief tapte Sien wat betekent dat?

Nou, ik stop eens, ik zit hier op kantoor te schrijven en direct schaakt mijn chef me nog. Moe, Pap, Annie, oom Karel, Bob, Opoe, tante Sien, Loes, Oom Gerrit en de hele kliek, 't beste, er is nu alweer

ruim een maand van mijn halve jaar om, in Januari krijgen we waarschijnlijk verlof, dus we hebben nog maar een 35 weekendjes, waar ik de helft van moet werken, dus eigenlijk niet eens tijd genoeg om alles hier te leren kennen in de omgeving. Nou, Jan vertelt me net dat zijn broer in Berlijn met verlof gaat, dus sturen we die de brieven dan kan hij ze meenemen, dat gaat allicht wat vlugger. 't Beste hoor, en de groeten van

Wim.

P.S. Volgende maand stuur ik waarschijnlijk wel geld over, nu gaat 't nog niet, ik krijg per maand ± 130 Mark, en ik had deze maand 60 mark op moeten nemen, dus de rest heb ik voor Aug. nodig. Maar dan ben ik weer glad en kan ik denkelijk een 50 M. per maand sturen.

?

further news, the work day is long and tedious, but we've already got used to that, things will be so much better when we're back in the office in Holland. O yes, I've taken my brown shoes to the cobbler's, because from one of them, the top half has parted company from the sole; for employees there is a good repair shop so all will come right again.
Mulder has just come in; I've received your message. What did you think when a representative of us came to Amsterdam? What does that message mean exactly? There is something about a letter from Aunt Stien?
Well, I'm stopping, I'm writing in the office and don't want my boss to catch me. Moe, Pap, Annie, Uncle Karel, Bob, Granny, Aunt Stien, Corrie, Uncle Gerrit and the whole gang, I wish you all the best. More than a month of my half year has passed, and hopefully we get some leave in January, so we only have 35 more weekends. Half of those I have to work, so not that much time to get to know the surroundings. Well, Jan just tells me that his brother in Berlin is getting leave, so we will send him the letters, so that he can take them with him, that's bound to be quicker. All the best, and regards from,

Wim

PS Next week I will sent some money, I can't do it yet, because I get about 130 Marks a month and I had to use 60 Marks this month so I need the rest for August. But then I think I will be able to send 50 Marks a month.

Amsterdam 6. Aug. '43

Beste Schavuiten

Ik schrijf maar aan jullie tegelijk. Ik
ben blij dat ik eindelijk eens wat hoor
Heden morgen ontving het eerste teken
van leven van jullie n.l. een brief van
J. n van 15, 7, '43. Voordien had ik
nog niets gehoord en ook jullie
ouders hadden aldoor geen bericht.
In Vught kom ik dikwijls ik ben als
kind in huis ik eet altijd met Vader
en Moeder mee en ik betaal nooit iets
Rietje gaat nog steeds met Age maar
ik heb ze nooit meer gezien. Ria
zie ik ook nooit meer. Ik ben één
maal met haar weggeweest, naar de
Jeugd conferentie. ik zal het verslag
op sturen dan hoef ik daar geen
beschrijving van te geven. Ik ben
op het ogenblik ziek, al veertien dagen
Nachtwerk heb ik niet meer. Het huis
gezin van Pa Sonneborn is uitgebreid
met een dochter. Alja heet zij. Ik
ben met Vader mee naar het ziekenhuis
geweest.

Amsterdam 6th August 1943

Dear Rascals,

I've decided to write to you both at the same time. I am glad to have received some news at last. This morning I got the first sign of life from you, a letter from Jan, dated 15.7.43. Before that I had heard nothing and your parents had not received anything either.

I often go to the Youth Hostel in Vught and I always have my meals with the Father and Mother of the house and I never need to pay. Rietje is still going out with Age but I've never seen them. I don't see Ria any more either.

Once only did I go away with her to a Youth Conference. I will send you the report so that I don't have to describe it here.

I am ill at the moment, for a fortnight already. I no longer work nights. There is a new baby in the Sonnenborn family, a girl. She's called Alja.

I've visited them in hospital. It's very quiet at my house nowadays, nobody calls. I've not seen Alie nor Riekje. I would like to come to you because I'm really bored.

II

Het is bij ons thuis erg stil tegenwoordig er komt nooit meer iemand. Alie of Rietje zie ik nooit meer. Ik zou best naar jullie willen want ik verveel me hier toch maar. Ik scharrel zoin beetje met een meisje uit Vught. het is een schat van een kind, ze kan volksdansen ook. Ze is niet zo groot als myn vorige schat en ze heet ook Rietje. Rietje Stevens Ze praat echt Brabants en ze zegt u tegen me of gij en dat kan ik haar niet afleren. Ik ben alleen nieuwsgierig of ze er iets van meent daar kan ik maar niet achter komen. 18 jaar is ze en ze roepen me na op straat Omdat ze zo klein is. Ze heeft ons in 's Hertogenbosch op het perron zien spelen en dat vond prachtig Ik heb verteld dat jullie in Duits„ land zitten, en dat ik alleen over ben. Ook moet ik eens een hartig woordje met jullie spreken. Toen we de laats te keer naar Vucht zijn geweest,

Riek Bloemers and Ali Breken 1942

III

ben ik op de fiets van Vader naar
ons boeitje in Schijndel geweest.
Ik had voor ieder van jullie een broodje
gekregen. Jullie konden dat niet bergen
en aan Carel heb ik toen mijn tasch
gegeven. We zijn toen gaan zwemmen
bij de IJzerenman en daarna naar
Amsterdam gegaan. In Amsterdam zijn
jullie drieën met Carel mee naar
huis gegaan om daar de bagage over
te laden. Omdat ik geen rommel van
jullie had ben ik maar naar huis
gegaan. Mijn tasch heeft Jan of Wim
toen genomen omdat zij anders hun
rommel niet konden bergen. Bij Jan
thuis is die tasch van mijn toen weer
met Wim meegegaan. Het gevolg is
dat ik m'n tasch kwijt ben. Ik wou
al een nieuwe kopen ik zag er een
hangen bij Neef maar hij verkocht niet
uit de etalage's en hij wist niet waar
ze nog zij taschen verkochten. Nergens
in Amsterdam was er een te vinden.

I'm sort of going out with a girl from Vught. She is a lovely girl and knows how to do folk dancing. She is the same height as my previous love and is also called Riekje. Riekje Stevens. She has a real Brabants accent. I am not sure if she is serious, I can't make it out.

She is 18 years old, in the street people call us because she is so small. She had seen us playing our instruments on the quay of the station in 's Hertogenbosch and thought we were great. I have told her that you three are in Germany and that I am the only one left.

I have got a bone to pick with you all. The last time we were all together in Vught, I went on the bike of Father to our farmer in Schijndel. He gave me a sandwich for each of you. You didn't have room for the sandwiches in your luggage, so I gave my bag to Carel.

Then we went swimming by the Iron Man and after that we went back to Amsterdam. In Amsterdam the three of you went to Carel's house to load up your luggage. Because I did not have any of your stuff, I then went home. Jan or Wim then took my bag because they were short of space to store their stuff. At Jan's house my bag then was taken home by Wim.

The upshot is that I have lost my bag. I was going to buy a new one from Neef, but he wouldn't sell me anything out of the window display and he didn't know where

IV

Ik ben by alle drie jullie ouders
geweest en de zeggen dat hy by
een ander moet zijn. Carel zin
Moeder zegt by Jan of Wim omdat
die hem op die bewuste Zondag
hadden meegenomen Jan's ouders zeggen
bij Wim omdat hij hem meegenomen
heeft en Wim ze Moeder heeft het
hele huis omver gehaald. En beweer
dat ze nog nooit die tasch bij haar
in huis gezien heeft. Ik hoop dat jullie
opheldering geven. Want ik heb alleen
maar een bespottelijk klein zegzakje
en die moet Sjaan nog meehebben als
zy gaat weekeinden. Het is Vrijdag
vandaag en morgen ga ik weer naar
mijn schat in Vught. Ik zal haar de
groeten doen van jullie ik hoop dat
jullie weer gauw terug komen want
ik heb ook heimwee naar jullie

dus tot ziens

Ton

P.S.
Vele groeten van mijn
huis genoten
en Jeanne
Ton

they still sold cycle side bags.

Nowhere in Amsterdam was a side bag to be found. I've been to all three sets of parents and they all say the bag is at the other's house. Carel's mother says the bag is at Jan's or Wim's house because one of them took the bag on that Sunday. Jan's parents say the bag must be at Wim's because he took it. Wim's mother has looked all over the house and says that she has never seen the bag in her house. I hope you will be able to enlighten me. At the moment I've only got a ridiculously small rucksack which Sjaan claims when she goes away at weekends.

Today is Friday and tomorrow I am visiting my darling in Vught. I will give her your regards and I hope that you are coming back soon because I am missing you.

So, see you soon,

Ton.

PS. Regards from my family and Jeane.

Beste Allemaal, Auschwitz, 10 Augustus 1943.

Hier is zender Auschwitz weer op dezelfde golflengte met 't laatste
nieuws. Hoe gaat 't met jullie? Onze toestand hier is nog steeds goed, alleen zijn we naar een
ander lager verhuisd, omdat onze ~~[illegible]~~ barakken nodig waren voor soldaten van de luchtafweer. Alle Hollanders zitten nu
in [illegible] 2, tussen de Joden enz. en met ± 20 man op een kamer, 't is reuze gezellig, en 't enigste wat beroerd is,
is de W.C. want die stinkt als de hel, maar wij krijgen een aparte W.C. dus dan is 't alweer in orde. 't Zit nu ook
verder van m'n werk af, ± een kwartier lopen van de bus, en aangezien de weg nog niet helemaal af is, gaan
we op onze blote voeten door de modder als 't regent, maar gelukkig gaat 't weer op 't ogenblik nog al, en aan de
weg wordt hard gewerkt, dus dat komt wel in orde. 't Dragen van sokken hebben we afgeschaft, dat kost teveel stopwol
en die bewaar ik liever voor de winter als we hier dan tenminste nog zitten, de stemming onder ons is n.l. zeer
optimistisch. Zoals ik in m'n vorige brief nog gauw op de envelope gekrabbeld heb, heb ik van Muller die foto van jullie
gekregen, 't is maar zeg, een chique beweging daar bij jullie zeg, hij is bij Laddé gemaakt he?
Jullie moeten maar niet op 't papier letten waar ik op schrijf, want dat is schrijfmachine papier, ik zit
hier n.l. op kantoor te schrijven, want ik heb weer eens geen klap te doen.
Nu eens iets over de financiën, ik ben op 't ogenblik zo zuinig mogelijk, want ik wil in geen geval van de maand
weer voorschot opnemen. Volgende maand krijg ik dan dus de volle pot in handen, en dan kunnen jullie de
eerste zending tegemoet zien. M'n netto loon wat ik hier in handen krijg, is ± 130 M. buiten m'n premien
maar die zijn er niet zoveel, n.l. 10 per maand à 50%, dat zijn 2 Zondagen à 5 uur van 7 tot 12.
De eerste maand hier heb ik 60 M. voorschot op moeten nemen, en kreeg ik dus maar 70 M in handen
ma[illegible] daar red ik 't deze maand wel mee.
Zaterdag hebben we nog een maaltje gehad, Carel had een horloge, dat hij voor iemand moest verkopen, en toen heb ik 't op kantoor verpatst met 25 M. winst, dus de man mim 8 M. Super hè?
(Een ogenblik, ik moet even een sigaret draaien, we hebben pas weer nieuwe gekregen, 't is 't rantsoen
verminderd, n.l. 45 sigaretten per 14 d. of 1 pakje shag + 3 sigaretten. Ik heb natuurlijk shag genomen)

Nou, dat maaltje konden we best gebruiken (die shag is super zeg, hoe gaat 't met jullie eigenlijk?) want
we zijn Zaterdag naar de bergen geweest. We waren met 2 Belgen en 1 Duits meisje, die wisten daar de weg, want
je verdwaalt er gemakkelijk. We zijn met de trein om 3 uur uit Auschwitz vertrokken, naar Bielitz en vandaar
zijn we [illegible] de Josefsberg op geklommen, (933 meter!) en hebben boven in een Schutzhaus geslapen.
De volgende dag zijn we verder de bergen door getrokken en waren Zondag weer om negen uur 's avonds in
Auschwitz. 't Was eenvoudig, jullie kunt je die hoogte daar niet voorstellen, als je op die bergen staat zie
je [illegible] beneden van die kleine huisjes en de bergen in de verte vol met dichte bossen en af en toe een
bergweide. We hadden voor die dag Urlaubmarken om te eten, en hebben in de diverse hotelletjes super
gegeten, al kwam dat natuurlijk ook door onze instrumenten. 't Is jammer, dat zo'n weekendje nog
al duur komt, n.l. ± 15 M. anders gingen we elke vrije Zondag, en je kunt hier in de trein ook niet
gaan pieren. We hebben nu in onze trekkerskaart een paar super stempels, n.l. van 't Schutzhaus op
de Josefsberg 9.33 m. hoog. Dat klimmen naar boven valt tussen 2 haakjes nog niet mee, je zweet je
een ongeluk en je tong hangt op je schoenen, maar dat moet je er voor over hebben, en 't is reuze gezond.
Hoe is 't anders thuis, ik heb n.l. nog steeds geen bericht ontvangen, Jan en Carel trouwens ook niet, alleen
heeft Jan een paar brieven van z'n vader en z'n hoertje Anton gehad. Voor die is 't ook nog een geluk, dat z'n vader ook in Berlijn zit, want zoals hij
schreef, kan ie geneens Duits. Leeft die ouwe kater van ons nog steeds? Vraag maar eens of ie een
zaantje wil oversturen, als ie me tenminste nog niet vergeten heeft. En niet in je oor krabben
Minnie, want dan spat je weer alles vol. Hoe is die vacantie van jullie geweest, zal wel reuze
fijn geweest zijn he, met de boot, is die was tobbe van Jou eigenlijk al af, Annie? Ik hoop
maar, dat er flink wat wind is geweest, ik zie Paps al een angstig gezicht trekken, en Max hangt
natuurlijk weer aan de stagen om de mast overeind te houden.
Sinds een week heb ik hier een nieuwe vermakelijkheid ontdekt, ik had n.l. kiespijn en ben op een
middag in Auschwitz naar de tandarts gegaan.

Auschwitz, 10th August 1943

Dear All,

Here is sender Auschwitz again on the same wavelength as before, with the latest news. How are you all? We are still ok, only we have moved to different barracks because our barracks were needed for the soldiers of the air defence. All Dutchmen are now in Lager 2, amongst the Poles etc., about 20 men to a room, it's ever so cosy. The only thing that's really bad is the toilet that stinks like hell, but we're getting another toilet so then it will be better again. I'm further away from work as well, about quarter of an hour's walk to the bus. Since the road has not yet been fully constructed, we walk barefooted through the mud when it rains; fortunately it is not too bad at the moment. They are working hard on the road, so it'll come right eventually. We are not wearing socks at the moment; it takes too much darning wool, which I'm saving for the winter. That is, if we're still here, the mood amongst us is of great optimism.

Like I told you in my previous letter, scribbled on the back of the envelope, I got your photograph that you had given to Ullen. It's great, a very smart photograph, made at Ladde's shop wasn't it? Don't take too much notice of the paper I'm writing on, it's typewriter paper, I'm writing in the office, because I've got nothing else to do. Now something about the finances, I'm being as frugal as possible at the moment, because I definitely don't want to take an advance this month. So next month I will get the full amount and then you can look forward to the first remittance. The wage I get here in my hands is about 130 Marks, other than overtime, of which there is not much. Ten hours per month at 50%, that's 2 Sundays 5 hours, from 7 to 12. In the first month here I had to take an advance of 60 Marks, and so I only got 70 Marks on payday, but I will manage.

Photo for Wim's birthday. Pap, Mams, Annie

Nou, 't is een reuze goeie tandarts, je kan gezellig met 'm kletsen, alleen vind ik 't gemeen, dat ie juist
tegen me zit te kletsen als ie met z'n boor in m'n mond zit, want dan kan ik niets terug zeggen.
Hij vindt ons reuze stommerds omdat we nu onze bezittingen in 't O. kwijt zijn, en zegt, dat
al die Hollanders zo veel voor de overkant voelen. Ik snap niet hoe die lui aan die mening komt
Hij moest me eigenlijk voor 1 kies behandelen, maar hij begon met al m'n tanden en kiezen na te kijken
en nu gaat hij m'n hele gebit restaureren. nou, ik vind 't best, 't kost me geen cent, en zo
3x in de week smeer ik 'm om 3 uur van kantoor, ga eerst in Auschwitz een paar gebakjes,
ijs en koffie drinken (gebakjes op m'n kochkaart) en dan naar m'n politieke halfuurtje. Dat
kost je zo'n middag 1 M. dus dat gaat nog wel voor een keertje.
Ik heb op 't ogenblik plenty brood, we hebben n.l. van de week 2x in plaats van een 'h
een heel brood gehad, en dan heb ik voor m'n zeep ook nog steeds elke week een brood extra,
terwijl ik m'n voorraad zeep aldoor aanvul, . we hebben n.l. op kantoor reuze goeie vloeibare
zeep. Verder hebben we van dat Duitse meisje dat hier in de keuken is geweest nog een stel
broodbonnen gehad. ik o.a. 1000 gram, dus we eten maar, alleen is 't droog brood, en zitten
we met smart op een potje jam enz. van jullie te wachten.
De 2 Hollanders, die bij mij op kantoor zijn, hebben in Katowice reuze mooie foto's laten maken,
ik denk dat we a.s. Zondag ook in Katowice foto's zullen laten maken, want dan ben ik toch pas om 12 uur
vrij, maar 't duurt wel een week of 3 eer ze klaar zijn, als 't doorgaat, zullen we die foto's opsturen.
Buiten m'n kiespijn ben ik hier verleden week ook nog ziek geweest, maar dat is een ziekte die je hier allemaal een keertje krijgt, ze noemen 't de Auschwitzer, je hebt vreselijk de schijterij, koorts en hoofdpijn.
Nou, ik heb 't gelukkig alweer achter de rug, en ben weer zo lekker als kip.
Nou lui, 't is alweer half 12, over een uurtje ga ik eten, vandaag Dinsdag, dus weer eieren

schrijf eens gauw een dikke brief terug, als ik van de week nog post krijg, dat ik natuurlijk meteen
weer schrijven, de groeten aan allemaal en een zoen(?) van jullie van

Wim

P.S. Ik herinner me nog iets,
dat ik jullie nog niet geschreven heb,
m'n chef was n.l. verleden Vrijdag jarig, en
's morgens hebben toen die Oekrainische meisjes
die hier in 't magazijn werken, een serenade
gebracht, 't hele koor stond met bloemen in
hun hand te zingen. 't klonk werkelijk mooi,
en 's avonds heeft de chef 't hele bureau op
bier zitten fuiven in 't Casino, ik heb wel
een pot of 8 bier gedronken van dat lekkere
Zeitz. we zaten 's avonds, dat was niet
mooi meer. Zo, nou is 't velletje toch vol,
de mazzel loer!

W.

P.S. Ik sluit hier nog een foto van mij
in, jullie lachen je natuurlijk dood om die
gekke kop, maar die foto is hier op kantoor
genomen voor m'n Ausweis, op de eerste
dag dat we hier waren, ik kijk nog een
beetje zielig, maar dat komt van de
reis.

W.

On Saturday we had some good luck. Carel had a watch that he had to sell for someone. I managed to sell it in the office with a profit of 25 Marks, so that was more than 8 Marks each. Super wasn't it?
Just a moment, I've got to roll a cigarette; we've just got new rations, but less than before. Forty five cigarettes per fortnight or 1 packet of rolling tobacco and 3 cigarettes. Of course I chose the rolling tobacco. Well we could do with that bit of good luck (this tobacco is great by the way, how's your smoking going?), because on Saturday we went into the mountains. We were with 2 Belgium boys and a German girl, they knew the way; you can easily get lost there. We left on the three o'clock train from Auschwitz to Rielitz. There we climbed the Josefs Mountain, (933 metres!), and we slept in a shelter house. The next day we went further into the mountains. We were back in Auschwitz the following evening at 9 pm.
It was fantastic, you can't imagine the height; when you're on top of those mountains, you can see such little houses in the valley. The mountains around were covered in woods and sometimes you could see a mountain field. We had holiday Marks to spend on food and we have eaten in various little hotels, really nice food. Having our instruments to play helped of course no end. It's a shame such a weekend is quite expensive, about 15 Marks; otherwise we would go every free Sunday. You can't go busking in the trains here either. In our Rambling cards we have some super stamps now, of the shelter house on the Josefs Mountain, 933 metres high. By the way, it was not at all easy to climb this mountain, you sweat like mad and your tongue drops onto your shoes, but that's an easy sacrifice to make, and it is terrible healthy.
How are things with you, I've still had no word from you, neither have Jan and Carel heard anything. Although Jan did

get letters from his Dad and little brother Anton also from his other brother who has taken my letters to you. His brother is lucky that his father is also in Berlin, because from the way he writes, he doesn't seem to know any German.
Is our old tom cat still alive? Ask him if he can send me a kiss, if he hasn't forgotten me yet? No scratching in your ear Mimi, otherwise you will make a mess.How was your holiday? I imagine it was great with the boat; is your boat ready yet Annie? I hope you had plenty of wind, I can see Pap pulling a scared face, and Mum is hanging from the stays trying to keep the mast up.
A week ago I came across another little scam. I had toothache and went to the dentist in Auschwitz, one afternoon. Well, it's a fantastic dentist; you can have a cosy conversation with him, only I don't think it is fair he talks to me whilst I have a drill in my mouth, because I can't say anything back. He thinks we're really stupid because we have lost our possessions in the East, and says that so many Dutch people feel so much for the other side. I don't know where he has got that nonsense from. He was supposed to treat me for one molar; but he started to examine all my teeth and now he is going to restore all my teeth. Well, I don't mind, it doesn't cost me anything. Three times a week I leave work at 3 pm. In Auschwitz I first drink coffee and eat ice cream and cakes (with my cake coupons) and then I go to my political half hour. Such an afternoon costs me 1 Mark, so that's not too bad.
I've got plenty of bread at the moment, because this week we twice got a whole loaf instead of half a loaf. By exchanging my soap I have an extra loaf per week. In the office we have fantastic good liquid soap, which I use to replenish my soap supply. The German girl with whom we went into the mountains has given us a few bread coupons; I got a 1000

Bob on the tiller, then Annie; on the other side Willem (Pap) and Lena (Mam) 1943

Annie and Lena standing on their boat 1943

grams coupon. So we're eating away, only it is dry bread and we're really looking forward to a pot of jam from you.
The two Dutchmen, who work with me in the office, have had beautiful photographs taken in Katowiec. This coming Sunday I am not free until midday, so I think we too will have photos taken in Katowiec; it takes about three weeks before they are ready, if it happens, and then we will be able to send them to you.
Apart from my toothache, I was ill as well last week. It's an illness everyone here gets, we call it the Auschwitzer, and you get the most terrible runs, fever and headache. Well fortunately that's gone again and I'm feeling fine.
Well folks, it's half past eleven, in an hour it's lunch time, today is Tuesday, so it's eggs.
Do send me a long letter soon, if I receive any mail this week, I'll reply straight away, of course, regards to all and a kiss from,

Wim

PS. I've just remembered something that I haven't written yet. My boss had his birthday last Friday. The Ukrainian girls who work here in the stores, have serenaded him, the whole choir were singing with flowers in their hands, it sounded really beautiful. That evening the chef bought the beer all night long for all office workers in the Casino (canteen). I drank at least eight pots of that lovely sweet beer, at night I couldn't stop going to the loo for a wee, it was ridiculous! So, my page is full, good luck! W.
PS. I enclose a photo of me, of course you'll have a right laugh about that silly head of mine, but that photo was taken at the office for my Ausweis (ID card). I look a bit pathetic but that was because of the long journey.

IG Farben work I.D. issued to Wim Nauta on arrival at Auschwitz

I II

Woensdag 11 Aug '43

Hoera Wim,

Je eerste brief na bijna zes weken ontvangen. Dat wil zeggen, je brief van 12 juli. Ik heb nog even afgewacht of er nog meer volgde want bij Jan hebben ze al 5 brieven ontvangen en bij Karel nog geen een. Wat gaat dat ongeregeld hè met die post. We zaten hier te snakken naar bericht en er druppelt zo weinig door. Zeg Wim je moet ons alles toch nog eens goed schrijven. Je reis, aankomst enz. In jouw brief stond bijv niets waaruit ik op kon maken dat jullie niet bij elkaar bent. Dat hoorde ik bij Jan thuis. Wat een pech hè. En jij hebt het dan al heel ongelukkig getroffen. Zo ver van je werk en zulke lange werktijden. Maar je zou ander werk aanvragen hè misschien kom je dan ook bij hen in de barak. Of heeft dat er niets mee te maken. Dat hoor ik hoop ik nog wel van je. Zeg Wim, ik zal het nu maar met een pakje sturen ook wagen. 't Is jammer dat ik niemand iets mee kan geven. Karel krijgt een pakje via z'n broer en Jan ook maar voor jou kunnen ze het niet meenemen, want ze zijn al overbelast natuurlijk. Enfin, we willen hopen dat het goed terecht komt. Zeg Wim je schreef over gummilaarzen of overschoenen maar God jonge hoe moet ik daar aan komen. Maak 'r! Nee Wim, we zullen hopen op een paar werkschoenen van Pap. Dat duurt natuurlijk nog wel even, maar als ik die dan aan iemand mee kan geven, dan krijg je ze beslist. Pap heeft z'n schoenen

Wednesday, 11th August 1943

Hurrah Wim,

Received your first letter after nearly six weeks. That means your letter of the 12th July. I waited just a bit longer to see if there were more coming because at Jan's they have already received five letters but at Karel's none. The mail is very irregular isn't it? We're gasping for news yet so little trickles through. You know Wim, you'll have to write us in detail. Your journey, arrival etc. There was nothing in your letter for example that made me think that you were not together. (She's talking about the fact that the three friends were not working in the same office) I heard about that at Jan's. Bad luck isn't it? You in particular have not landed well. So far from your work and such long hours of work. But you were thinking of applying for different work weren't you? Maybe you'll end up in their barracks then. Or has that nothing to do with it?

Hopefully I'll hear about that from you. Well Wim, I think I'm going to try to get a parcel to you too now. It's a shame I can't give anyone something to take. Karel is getting a parcel via his brother and for Jan as well; but they can't take one for you because they are already overburdened. Oh well, we'll just have to hope that it will arrive alright. You know Wim, you were writing about gum boots or overshoes, but God, my boy, how can I find those in size 47! No Wim, we will have to hope for a pair of work shoes for Pap.

That'll take some time yet, but if I can find someone to

II I

bon ook eindelijk gekregen. We lopen nu al 5 weken
om schoenen maar vangen nog steeds bot. Zodat die
lijdersgeschiedenis al haast een jaar aan de gang is. Je moet
toch maar zonder zitten! Zeg Wim, er is hier iemand
geweest bij jullie vandaan om te informeeren of alles
hier bij ons goed was. Nu jullie hoeven je niet onge
rust te maken hoor! We zitten heel nogal veilig.
Ongelukken uitgesloten natuurlijk. Heb je onze foto
nog ontvangen? Dat hoop ik jongen want het was :
verjaringscadeau. Heb je nog een gezellige avond gehad?
Hier was het knudde maar dat heb ik je al geschreven.
Volgens rekening van Bartje is dit de derde brief
die je ontvangt. Corry haar baby ('t is een meisje en
het heet Lydy) is een schatje en Corry is er trots
op dat het op jouw verjaardag geboren is. 't Is ook leuk
hè. Ik was gistermorgen met deze brief begonnen en
ga nu weer verder. Jongen, jongen de koek kan niet
op! Gisteravond kwam Jan en Moeder een brief bren
gen via Rinus en vanmorgen bracht de post er een.
Dat zijn er dus drie en is je eerste vermoedelijk zoek
geraakt. Zeg dat ruilsysteem is geweldig. Had ik je
nog maar wat meer zeep meegegeven hè. Ach jij bent
ook zo'n hongerlap. Wat zonde dat Jan niet tegen dat
spek kon hè. Dat met Tante Sien zat zo in elkaar
jullie afgezant kwam toen wij met vacantie waren
Tante vondt het snea als jij geen bericht kreeg en
toen heeft zij je geschreven. Maar gelukkig kwamen
wij nog net op tijd terug zodat ik ook nog kon schrij
ven. Je hebt die brief van Tante dan zeker niet ontvangen

take those to you I will definitely do that. Pap has received his shoe coupon at last. We have been trying to find some for five weeks now, but so far no luck. All in all this has been going on for a year. Imagine if you didn't have any shoes at all!

You know Wim, someone came from where you are to enquire if we were ok. Well you don't need to worry! We are quiet safe here, accidents barred of course. Have you received our photo? I hope so my boy, because it was your birthday present. Did you have a nice evening? It was horrid here, but I've already written that to you. According to my calculations this is the third letter I've sent you. Corry's baby is a girl and she's called Lydy, she is a darling and Corry is very proud that she was born on your birthday. Which is of course very nice.

I started yesterday morning on this letter and continue now. Boy oh boy, my cup runs over! Last night Jan's mum came to bring me a letter via Rines and this morning a letter arrived in the post. So that's three and your first one must have got lost. Say, the exchange system is great. If only I had given you more soap to take. Well it's because you're such a hungry Horace. What a shame that the bacon did not agree with Jan. Your representative came whilst we were on holiday, and Aunt Stien thought that was such a shame and it would not be nice if you got no news and that's why she wrote to you. But fortunately we came back in time so that I could write something as well. I assume you have not received the letter of Aunt Sar. Oh, and do you know what else Jan's mother brought? Your photos out of Photo News. Amazing! I'll buy one as well and Rinus will bring it along for you. Have you had

III

O, en weet je waar Jan en Moeder ook mee aankwam Met jullie foto uit fotonieuws. Reuze zeg! Ik zal er ook een koper en Rinus brengt hem voor jullie mee. Hebben jullie al gecorrespondeerd met die fotoman Dat hadden jullie toch afgesproken niet. Tante Lien Oom Huub en Melchior zijn hier ruim een week geweest maar Mel verveelde zich dood en was haast de heele dag bij ons. Nu komen Tante Riek en Lies ook nog om beurten en dan zal de drukte wel afgeloopen zijn. O ja zeg, dat zou ik je heelemaal vergeten te vertellen Tante Jet en Oom Leendert zijn hier ook nog geweest en val niet achterover Tante Willemke ook. Hoe vindt je zoiets. Oom Leendert was het zo goed bevallen, dat hij beslist zodra hij gelegenheid heeft, weer komt Bij Tante Wim moeten we eens op een Zondagmiddag komen Wel dat komt in orde als we niet zeilen en alle logees weer vertrokken zijn. Je schreef over slecht weer maar 't is hier ook knudde. Alleen onze vacantieweek was zeldzaam. Voor de rest is het hier ook zo de zon dan ee tijd donker en dan een regenbui dat het niet mooi meer is. Nou Wim, ik moet voor Paps en Annie ook nog wat overlaten en eindig met de hartelijke groeten aan Jan en Karel en een fijne pakkerd voor jou. Dag jongen, hou je maar taai hoor! Mams.

Beste Wim
Nou zal ik mijn stem eens laten hooren. Je vroeg of de boot al klaar was, maar dat is hopeloos. Op een lat na is hij nog net zo ver als jij van huis ging.

any correspondence yet with the photographer? I thought that's what you had arranged.

Aunt Lien, Uncle Huub and Melchior were here for more than a week but Mel was bored to tears and spent most of that time with us. Aunt Riek and Lies are also coming in turns and then the rush is over again.

Oh yes, I nearly forgot to tell you that Uncle Leendert was here as well and don't fall over in amazement, Aunt Willemke also. Can you believe that? Uncle Leendert had such a good time that he will definitely come again as soon as an opportunity arises. Aunt Wim has asked us to come round one Sunday afternoon. Well we'll do that when we're not sailing and all our guests have left again. You were writing about the bad weather, here it has not been very good either. Except our holiday week was exceptionally good. The rest of the time we get the sun, then it's dark for a while and then a terrible rain falls.

Well Wim, I've got to leave some space for Pap and Annie and end with best wishes to Jan and Karel and a big kiss for you. Bye my son, keep strong! Mams.

Dear Wim
Now it's my turn to speak to you. You asked if the boat is finished yet, but that is hopeless. Apart from one plank, she is in the same state as when you left home. And the mess that they make! Mam was busy cleaning up for a good hour and a half. Don't worry that I will pinch your room, it's not very nice in there. All the wood is there, the pots with conserves etc. your bed is at Aunt Lien's so a cosy room it is not. Wim do you know where Ton's bicycle side

IV

En een rommel dat ze maken. Mam is vanmorgen weer 1½ uur
bezig geweest om er een beetje orde in te krijgen. Het
maar geen angst dat ik je kamer inneik hoor, nogal gezellig
Dat hout ligt er allemaal, de intnaat staat er, het
ledikant is bij tante Lien, dus er is niet veel aan. Wim
weet jij waar Ton z'n zijtas is. Hij kwam hier en we
hebben er naar gezocht maar we konden hem nergens vinden.
Heeft niet een of ander meisje hem, mams ~~tot~~ dacht
dat je zoiets ~~geeest~~ gezegd had maar ze weet het
niet zeker. Jouw tas heeft hij al terug gebracht. Je
weet je wat ik nu straks ga doen? een zwembroek voor
Jan breien. Want Jan z'n moeder heeft geen tijd, die
heeft het zo druk nu Rinus ~~ta~~ thuis is. Hij heeft
een reuze bende vuil goed mee gebracht, en al z'n sokken
zijn stuk, en ze wilde het toch zo graag aan Rinus mee
geven. Zeg krijgen we van jou ook zoiets, dan zullen we
nu vast zeep gaan sparen. Nou Wim je ziet wat een paar
regeltjes nog die zijn voor Pap hoor. Doe de groeten
aan de jongens en een fijne pakkert van je Zus.

Beste Wim. Nu ik zal de brief even vol maken
ze hebben zoowat alles voor m'n neus weg ~~gekapt~~ pikt.
Nou ik heb een prachtweek vakantie gehad wim het kon
niet
mooier. 't Is maar goed dat ik 't vroeger genomen heb
want eigelijk had ik de 3de Week in augustus en 't lijkt
op 't oogenblik niets meer. Nu uit je brieven heb ik vernomen
dat jullie het goed maken ook 't eten gaat best, en dat is al
een hoop waard. Je ~~[illegible]~~ gaaft maar goed je ogen de kost
en opletten dan kan je daar nog wel vooruit komen, en
als 't heel goed gaat schrijf maar, dan komen we ook
Nu Wim de brief is vol, dus 't beste en hou moed
de groeten aan Jan en Karel Dag!!!

bag is? Ton came here and we've searched everywhere but couldn't find it. Has some girl got it, Mams thought you said something like that, but isn't sure. Ton's returned your bag. Do you know what I'm going to do later? I'm going to knit a pair of swimming trunks for Jan. Jan's mother has no time, she's very busy now that Rinus is at home.

Rinus has brought a whole load of dirty washing home and all his socks need darning; and she so much wants to give the trunks to Rinus to take. Say, will you too bring home a load of dirty washing, then we'll start collecting soap in readiness. Well Wim, you can see there are few lines left, they are for Pap. Give my regards to the boys and a big kiss from your sister.

Dear Wim,

Well I'll finish this letter. They have told you most of the news already. Well I've had a great week on holiday, it could not have been nicer. It's a good job I took my holidays early, originally I had the third week in August and the weather does not look good at the moment. Well from your letters I have found out that you're doing alright and the food is not too bad, that is worth a lot. Keep your eyes open and pay attention, then you can make progress there, and if it goes really well, let us know and we will come also. Wim, the page is full, so all the best, keep your courage and regards to Jan and Karel. Bye!! Pap.

Holländische Sprache!

5

Fam. W. Kanter,

39

Bloemgracht 180 III

Amsterdam (C)

Holland.

AUSCHWITZ

12 DEUTSCHES REICH 12

A.C.

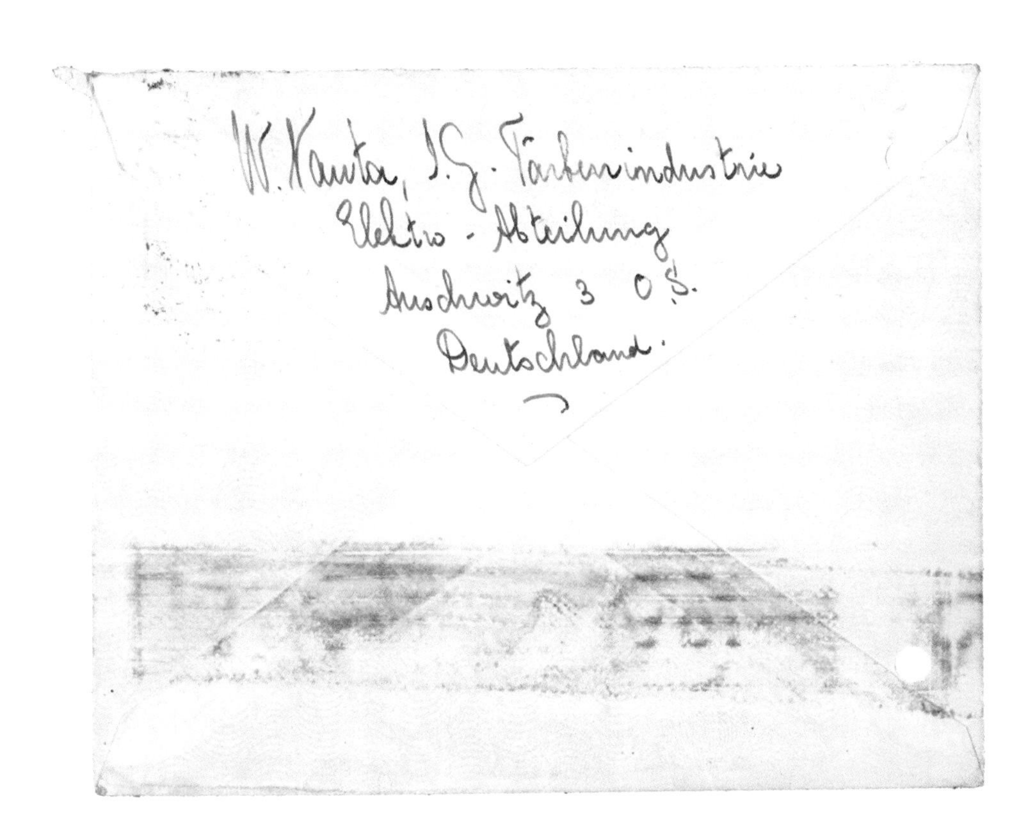
W. Kantor, I.G. Farbenindustrie
Elektro - Abteilung
Auschwitz 3 O/S.
Deutschland.

Auschwitz, 23 Augustus 1943.

Beste Allemaal,

Daar gaat dan maar weer m'n zoveelste brief in zee. Ik hoop, dat jullie meer van m'n brieven ontvangen dan ik, want ik heb nog steeds niets ontvangen. Carel trouwens ook niet, maar die heeft een brief gehad vandaag van z'n broer uit Berlijn, terwijl Jan al 2 brieven uit Holland heeft gehad plus de diverse brieven van z'n broer en vader uit Berlijn. O ja, Zaterdag hebben Jan en ik samen een brief gehad van Harry Schreuder die zit in Berlijn. Naar wat ie schreef, heeft ie 't daar tamelijk goed, alleen krijgt hij helemaal geen bonnen in handen, terwijl wij nog iedere maand een broodkaart van 1000 gr. en een kaart voor zeeppoeder en zeep krijgen.

Ik zit hier op 't ogenblik bij Jan en Carel in een bureau-barak te schrijven, want op de kamer met z'n 20en gaat dat lastig. 't is op 't ogenblik 8 uur en gelukkig een beetje koeler, want 't is weer snikheet hier.

Verleden Vrijdag heb ik m'n bruine schoen van de schoenmaker gehaald, die is weer super gemaakt, ze zijn alle 2 nu weer in orde, en ik heb ze netjes gepoetst en in m'n kast gezet, daar blijven ze voorlopig en waarschijnlijk wel helemaal staan, tot we met Urlaub gaan. Ik draag nu m'n zwarte zomerschoenen, maar die zijn ook kapot, maar dat hindert gelukkig niet want morgen over een week ~~kr~~ krijg ik waarschijnlijk een bon voor een paar schoenen. Carel heeft er al een gehad, en als je die schoenen ziet die je erop krijgt begin je te kwijlen. Van die hoge, zware schoenen met ordentelijke leren zolen, super!

Gisteren, dus Zondag zijn we weer met een Ausflucht mee geweest, en dat was natuurlijk weer eten tot je barstte. Spekkoek, varkenscarbonade enz.

Auschwitz, 23rd August 1943

Dear All,

Here comes my next letter in the sea. I hope that you receive more of my letters than I have received from you, because I still have not received anything. Neither has Carel, but today he got a letter from his brother in Berlin, whilst Jan has received two letters from Holland plus various letters from his three brothers and father from Berlin. Oh yes, on Saturday Jan and I jointly got a letter from Harry Schiender who is in Berlin. Well, from what he wrote, it's fairly good there, only he doesn't get any coupons, whilst we still get a cake coupon for 1000gram and a coupon for soap powder and soap, every month.

At the moment I'm writing in an office barrack where Jan and Carel work, because in my room with twenty men it's awkward. It's eight o'clock at night and thankfully a bit cooler, because it was roasting hot here.

Last Friday I collected my brown shoes from the cobbler's, they have been very well repaired and are both super, I've polished them really well and put them in my cupboard, I think they will stay there for the time being and maybe even until we go on holiday. I'm wearing my black summer shoes, but they are broken as well, but fortunately that doesn't matter, because tomorrow in a week's time I will probably get a coupon for a pair of shoes. Carel has had a coupon already, and when you see the kind of shoes you get on that coupon you start to salivate! High heavy shoes with incredibly thick soles, super!

terwijl we de man nog 6 grote flessen wijn en 6 sigaretten hebben gehad, + 4 Mark. Jullie kunnen nagaan wat een lollige bui we hadden, we laten allemaal zo'n beetje te duizelen.
Over sigaretten gesproken, je hoeft hier vertellen, dat dat bij jullie zo beroerd is. Nu, hier hebben we ook nog maar 3 sigaretten per dag, maar 't vervelende is, dat je voor 14 dagen tegelijk moet nemen, met 't gevolg dat je na een week al zonder zit.
We kunnen echter nog wel wat bijkopen, en op 't ogenblik zit ik zonder, maar over een week krijgen we de nieuwe bonnen, en dan zal ik voor Moe 2 pakjes à 10 stuks aangetekend opsturen, dat kan ik dan iedere ~~week~~ maand wel missen, maar schrijf dan, of u ze ontvangt, want anders zit er een ander van te genieten.
Toen ik vanavond om 6 uur met de bus van kantoor ging, dacht ik een ogenblik dat ik daar Mr. Max, de zoon van mijn eigen baas zag lopen in zijn pyama. Maar ik kan me wel vergist hebben, want we reden er nogal vlug voorbij en er lopen hier op 't terrein duizenden van die snuiters rond.
Verleden week hebben we weer gewassen, en ik heb hier gelukkig een kennis, een Vlaming, die vroeger bij mij op de kamer lag, toen we nog in 't Angstelltenlager waren. Die snuiter gaat met een Duits meisje, we krijgen wel eens wat brood of zo van 'r en ze strijkt elke week onze dassen en boorden, dus kan ik gelukkig m'n overhemden dragen.
Over kleren gesproken, 't is hier op 't ogenblik reuze warm weer, maar we hebben al verhalen over de winter hier gehoord, waar je meteen kippevel van krijgt, bevroren oren, neuzen enz. en nu zou ik graag dat u m'n plus-four en m'n bontkappie opstuurde, dat bontding is dat witte

Yesterday, Sunday we had another trip out from work, and that of course meant eating until you popped. Bacon soup, pork chops etc.

Per person we got six large glasses of wine and six cigarettes as well as 4 Marks. You can imagine the mood we were in, we were all a bit dizzy. Speaking of cigarettes, the talk here is that things are bad your way. Well here we only get 3 cigarettes a day, but the annoying thing is that you have to take them for a fortnight, so that you're without after a week already. We can buy some though and at the moment I'm without, but in a week's time we get new coupons, and then I will send two packets of ten for Moe by registered post. I can do without those each month, but do write that you have received them, otherwise someone else could be enjoying them.

Tonight when I left the office on the six o'clock bus, I thought for a moment that I saw Mr.Max, the son of my first boss, in his pyjamas. But maybe I was mistaken, because the bus drove rather quickly past and on this terrain here there are thousands dressed like that.

Last week we did our washing again, and fortunately I have an acquaintance here, a Flemish man, with whom I used to share my room, when we were still in the other workers barracks. That guy has a German girlfriend, she sometimes gives us bread and she often irons our ties and collars, so fortunately I can wear my shirts.

Speaking of clothes, at the moment it is incredibly hot, but we have already heard stories about the winter here, which at once give you goose bumps, frozen ears, noses etc. Now I would like you to send me my plus fours and my fur cap. That

koppie dat in m'n buffet ligt, en die plus-four wou ik hebben, omdat ik zo langzamerhand door m'n knieën heen kom, ik heb 'r m
al een keer gemaakt, maar die knieën zijn zo dun als de pest.
Vandaag kreeg een van die Hollanders die bij mij op kantoor werkt,
een reuze mededeling, n.l. dat hij per 31 Aug. ontslagen is en naar
Amsterdam kan vertrekken. Die junior heeft last van bedwateren
en is door de / dokter lager unfähig verklaard, dus hij is naar
huis toe. Als ik dus volgende week schrijf, zal die brief er misschien
wel anders zijn dan deze.
N: hu, ik stop eens, schrijven jullie weer eens gauw, misschien
krijg ik vandaag of morgen wel een stuk of 5 brieven tegelijk, dat komt weer voor, dan weet ik tenminste hoe 't met
jullie gaat. 't Beste dus, en de groeten aan allemaal.

Wim.

P.S. Hebben jullie die brief met die
foto van mij nog ontvangen?

W.

P.S. p.s. Ik maak die brief nog
even open, want ik lees net in
die brief van Frans, dat er voor
Jan een brief uit Holland
is gepost uit Berlijn, nu, die is ook
nog niet ontvangen.

Wim

fur thing is that white cap that's in my wardrobe and the plus fours are wanted because I have practically worn my brown trousers out. I've repaired them once already, but the knees are as thin as anything.

Today, one of the Dutchmen who works with me in the office, got a fantastic bit of news, namely that he is dismissed from the 31st of August and can return to Amsterdam. This guy suffers from bed wetting and has been declared unfit to work by the doctor of the camp, so he can go home. So when I write next week that letter could arrive before this one.

Well folks, I'm stopping, do write again soon, maybe today or tomorrow I will get five letters at once, that does happen sometimes and then I will at least know how you all are. All the best and regards to everyone.

Wim

PS. Did you receive the letter with that photo of me?

W.

PPS I've just opened this letter again, because I have just read in that letter of Frans, that a letter for Jan and me from Holland was posted in Berlin, well, I've not received that one either.

W.

Auschwitz 31 Aug. 1943.

Beste Allemaal,

Jullie krijgen vandaag een en brief die er hopenlijk snel zal zijn want hij wordt jullie persoonlijk door een van de jongens hier gebracht.
Ik hoop niet, dat jullie van'm zullen schrikken, want die smeiter is nog wel een stukkie groter dan ik. Hij is afgekeurd wegens bedwateren en vertrekt morgenavond na Mokum.
Zoals ik in mijn brief van verleden week schreef, die jullie nog wel niet ontvangen zult hebben, zal ik voor Moe iedere maand 20 cigaretten opsturen. We krijgen er hier 90 in de maand, dus dat is 3 per dag, en verder kitsen we er nog wel 3 bij, door peukies te verzamelen, terwijl we, als we weer eens met een handeltje wat verdient hebben, nog cigaretten kopen ook. De eerste zending ontvangt u dus van M. Rothkoek, en tevens 50 Mark, die ik ook iedere maand zal sturen. Vandaag hadden we Stari Besar, en ik kreeg 110 M. in handen. Daar gaat dan mijn eten 30 M. vanaf, cigaretten 3. M. en diverse andere dingen kunnen we er net mee kopen. Jan en Carel verdienen precies 't zelfde als ik.
In mijn vorige brief vroeg ik, of u mijn plus-four en mijn witte bontcapje op wou sturen. Ik vraag 't nog maar eens, voor 't geval dat jullie die brief nog niet gekregen heb. 't Kan hier van de winter n.l. een gezellige koude boel worden, en die bruine broek van mij is zo dun op de knieen als de pest, ik heb er nu al lappen onder gezet, netjes hoor, maar voor deze winter kan ik er mijn plusfour best bij gebruiken, en vooral ook dat bontcapje, want er zijn er hier die nog met bevroren oren rondlopen.
Hoe gaat 't overigens in Mokum? Ik heb nog steeds geen enkele brief ontvangen, en Carel tot nu toe alleen maar uit Berlijn, maar niets uit Holland.

Auschwitz 31st August 1943

Dear All,

Today you are going to receive a letter that will arrive quickly because it is going to be delivered to you personally by one of the boys here. I hope you won't get a fright when you see him, because this guy is a bit taller than I. He has been declared unfit for work because of bedwetting and departs for Mokum tomorrow evening.

As I wrote to you in my previous letter, which you have probably not yet received, I will send twenty cigarettes every month. We get ninety cigarettes a month here, that's three cigarettes a day, and we gather another three or so, by collecting butt ends. Whenever we've managed to do some deal, we can buy cigarettes as well. The first assignment you will get from Mr. Koekoek as well as the 50M. which I will also send every month. Today was pay day, I got 118M. in my hands. From that I deduct 30M. for food, cigarettes about 3M. and various other things and we can just about manage. Jan and Carel earn exactly the same as I.

In my previous letter I asked you if you could send up my plus fours and white fur cap. I'm asking again, in case you have not received the letter. In winter it can get very cold here, my brown trousers are very thin on the knees; I've already very neatly sewn pieces of material under them, but for the winter I could really do with my plus fours and especially that fur cap, there are people here with frozen ears from last winter.

Dat is natuurlijk wel lorrend, maar 't zal wel zo gaan, dat ik een stuk of 5 brieven tegelijk krijg. Dat is hier zo'n beetje de mode.
Is die boot van Annie al klaar? Als ie nog niet klaar is, kunnen jullie er beter een ijszeiler van maken, want hier begint 't al zo'n beetje herfst te worden, de blaadjes gaan al van de bomen en 't is af en toe al aardig fris. Ik zal jullie nu eens vertellen hoe de dagen hier verlopen gaan, dat gaat zo:
Om 6 uur staan we op, wassen en tandenpoetsen en eten, en dan naar de bushalte lopen, waar de bus om 7 uur vertrekt. Om kwart over 7 zijn we dan op kantoor, waar we eerst de asbakken leeg bietsen voor peukies en dan werk ik, voor zo ver er tenminste iets te doen is, tot 9 uur. Dan begin ik aan m'n tweede ontbijt, ga eens een stukkie poepen, en dan maar weer op je dooie dosie doorwerken tot half één. Daarna gaan we middag-eten. ~~Sop~~ Soep, aardappelen met vlees en groente en Dinsdag en Vrijdag rijst met abrikozen en eens per week een ei. 's middags weer 't zelfde liedje met om 3 uur weer een paar boterhammen en om 6 uur stappen we weer in de bus naar 't casino, waar we dan onze werksoep en een paar boterhammen eten. 's Avonds hebben we 't meestal druk met de handel, halen bij de Italianen flessen wijn, in de Poolse cantine tabak en cigaretten, terwijl we verder aan iedereen horloges proberen te verpatsen. 't Resultaat van die klokkies is tot nu toe 45 M. geweest, zodat we van de maand de man 15 M. extra hadden.
Die Poolse cantine is iets, wat jullie je gewoon niet voor kunt stellen. Er zit altijd een bende Polen en Fransen in een stalletje vodden, aan hele houten tafels en met grote potten bier. Zo'n 2x per week is er een knokpartij tussen de Fransen en de Polen, die altijd herrie hebben en je amuseert je er altijd best, want vervelend is 't er nooit.

How are things going in Mokum? I've still not received any letters; Carel has had some from Berlin, but nothing from Holland. That's quite tough, but I suppose it could be that I will get five letters at once, that happens a lot here.

Is Annie's boat ready yet? If she is not yet ready, you could better turn it into an ice sailing boat, because here autumn is slowly coming. The leaves are falling from the trees and from time to time it's already quite fresh. I will tell you how the days pass by here; it's like this:

At six o'clock we get up, wash, brush our teeth and eat, then we walk to the bus stop; the bus leaves at seven o'clock. We are in the office at quarter past seven. First we empty the ashtrays for butt ends and then I work, if there is anything to do till nine o'clock. Then I start my second breakfast, go to the loo, and then continue working ever so slowly till half past twelve. Then we have lunch. Soup, potatoes with meat and vegetables. Tuesday and Friday ice cream with apricots and once a week an egg. After that, some work with a break at three o'clock for some sandwiches and at six o'clock we get back on the bus to the canteen, where we eat our work soup and a few sandwiches. In the evening we're usually busy with the deals, we get bottles of wine from the Italians, in the Polish canteen we get tobacco and cigarettes, whilst we try to sell watches to all and sundry. The income from the watches is at the moment 45M. so this month we each had 15M. extra.

You can't imagine what the Polish canteen is like. There is always a crowd of Polish and French dressed in rags

Gisteren had ik nog een reuze mazzel. Ik werk helemaal achter op 't fabrieksterrein en moest gisteren in een van de bureaus in de buurt van onze barak 't een en ander uitzoeken. Nou, ik was gauw klaar en was op de fiets, dus ik nog even naar onze barak. Nou heb ik boven m'n bed voor de gezelligheid die blauwe halsdoek opgehangen, en toen ik thuis kwam, was juist een van die Poolse grietjes bezig om de kamer te doen. Ze kon gelukkig een beetje Duits, en wou met alle geweld die doek kopen. Ik wou 't eerst niet doen, en om er vanaf te zijn, zei ik, dat ik er een ½ pond boter en 3 kilo brood voor moest hebben. Zij natuurlijk aan 't pingelen, en 't slot van 't liedje was, dat ze de doek meenam, en ik vanmorgen door 'r wakker werd gemaakt, waarbij ze me meteen een brood van 2 kilo en een ½ pond boter onder m'n dekens douwde. Reuze zaak hè?
Als we 's avonds met de bus om 6 uur van kantoor gaan, hebben we altijd nog een mooie voorstelling ook. Er werken hier n.l. een paar duizend gevangenen, meestal Polen, Joden en politieke gevangenen. Die lopen er rond in zo'n Sing-Sing pakkie, en 's avonds als we in de bus zitten zie je die hele rijen voorbij marcheren met hun eten-blikkie onder hun arm.
In 't begin vond je 't natuurlijk een rot-gezicht, en keek je er maar liever niet naar, want helpen kan je ze toch niet, maar een mens went aan alles, en nu vinden we 't al heel gewoon. Er ontsnappen er ook nog wel eens wat, en die nemen dan de benen naar de bergen. Dan is er overal verscherpte controle en moet je elk ogenblik je Ausweis laten zien. Met die gevangenen spreken is verder streng verboden.
De Zondagen amuseren we ons ook best, om de week moet ik van 7-12 werken op Zondag, en de andere weken gaan we als de financiën 't toelaten naar de Beskiden, dat zijn die bergen hier, en anders blijven we hier in

sitting at wooden tables with big pots of beer. About twice per week there is a fight between the French and the Poles who are always having arguments with one another and it is very amusing and never boring there.

Yesterday I was really lucky. I work right at the back of the factory ground and yesterday I had to sort something out in one of the offices in the neighbourhood of our barrack. Well the job didn't take long and I was on the bike, so quickly nipped back to our barrack. Above my bed, to make things a bit more homely, I've hung that blue neckerchief and just when I arrived back, one of the Polish girls was busy cleaning the room. Fortunately she spoke some German and was determined to buy the neckerchief. I didn't really want to do this and to stop her going on, I said it costs a pound of butter and three kilos of bread. She of course started haggling, and in the end we agreed that she could take the neckerchief. This morning she woke me up, by putting a loaf of two kilos and half a pound of butter under my blanket. Fantastic business, he?

In the evening when we leave the office on the bus we always see this performance. There are at least a few thousands prisoners who work here, mainly Poles, Jews and political prisoners. They walk around in a kind of Sing Sing outfit. At night when we are in the bus you can see them all marching by with their food tins under their arms. In the beginning it was really a horrible sight and you turn your head not to see it, because you can't help them anyhow, but you get used to everything and now we just accept it as normal. They often escape and take to the mountains. Then the control is stepped up and you have to show your Ausweiss (ID card) all the time. It is strictly

de kunst, want de omgeving is prachtig.
O, ja, van de week hadden we nog iets lolligs, Karel en ik hebben n.l. Zaterdag een paar pantoffels gehaald bij de Bata. Lollig dat je hier ook nog naar de Bata toe kunt he?
Nou hoor, ik stop weer eens, Annie, Moe en Pap, een flinke pakkerd, en de groeten aan alle anderen. Is die baby van Lorrie er nu langzamerhand al? En hoe gaat 't met Oom Karel, is die eigenlijk nog krijgsgevangene geworden, of is ie er uitgeknikkerd? En Ch. Bob, is die nog in Holland of is ie er alweer eens vandoor? Ik kan zo nog wel een uurtje doorvragen, maar ik zal denkelijk nu wel eindelijk eens post ontvangen en dan zullen jullie dat wel al geschreven hebben.
Nou mensen, 't is alweer kwart over 9, we zitten hier met z'n 3en in Karel z'n bureautje te pennen, Moe let op, u ontvangt met deze brief 2 pakjes à 10 Royal sigaretten en 50 Mark. O.K.?
Je maakt dan er 't beste.

Wim

P.S. Hebben jullie in m'n brief van 2 weken geleden die pasfoto gekregen?

Wim

forbidden to speak with the prisoners.
On Sundays we have a good time; every other week I have to work Sundays from seven till noon. The other weeks, if we have money, we go to Besliden, to the mountains there. Or we stay in this area because the surroundings here are beautiful.

Oh yes, last week was funny, Carel and I bought slippers on Saturday at Bata. Funny that there is a Bata in this neighbourhood isn't it?

Well folks, I'm stopping now, Annie, Mam and Pap, a big hug and regards to all the others. Has Corry's baby arrived yet? How are things with Uncle Karel, has he been made a prisoner of war or has he managed to avoid that? Mr. Bob is he still in Holland or has he left again? I could carry on asking questions for another hour, but I'm sure I'm going to get some mail soon, and then you've probably written all that already.

Well folks, it is quarter past nine, the three of us are writing in Carel's office. Moe pay attention that when you receive this letter there should also be two packets of ten Lloyd cigarettes and 50M. Ok? Well good luck and all the best!

Wim

PS. Have you received my letter from two weeks ago with the passport photo?

Auschwitz, 1 Sept. 1943.

Beste Allemaal,

Ik schrijf hier op kantoor nog gauw een velletje voor jullie erbij, want ik heb vanmorgen om half 12 jullie eerste brief gekregen, waarin jullie schreven, dat jullie na 6 weken mijn eerste brief hadden gehad. Hij was gedateerd 11 Aug. '43, dus niet eens zo erg lang onderweg geweest. Wat jullie over mijn reis vragen, dat is zo gegaan: Tot Bentheim zijn we gewoon gereist, en toen moesten we uitstappen voor de douane. Er is bij ons niets gecontroleerd, alleen kregen we een stempel in onze pas. Daarna gingen we naar een doorgangslager in Bentheim, waar we onze kaartjes en een bord soep met 2 sneeën brood met boter en gehakt kregen. Er was buiten ons 3en nog 1 man voor Auschwitz en we reisden zonder transport. Om een uur of 6 's avonds vertrok onze trein naar Berlijn en hebben we in de trein zo'n beetje zitten dutten. Om 6 uur 's morgens waren we vlak bij Berlijn maar daar stopte de trein en reed toen achteruit 't bos in tussen prikkeldraad. Daar was weer een doorgangslager, maar 't leek meer op een concentratiekamp en we schrokken ons allemaal dood. (We zaten n.l. toevallig in een trein vol met jongens die net als ik eerst, verplicht naar Berlijn gingen.) Nou, alles moest uitstappen, koffers werden ingeleverd en we kregen weer soep met brood, 1 bord en 2 sneetjes, wat echter 't rantsoen voor de hele dag was. Van de andere jongens hoorden we, dat je er moest blijven tot er bericht van je baas kwam, of tot er een baas voor je gevonden was. Je sliep er op houten britsen zonder dekens of kussen en met 2 man op 1 brits. Gelukkig waren wij er al om 11 uur weer weg, zodat we er maar 3 uur gezeten hebben. We zagen er nog een bekende ook, n.l. Henk Lisseveld die er al 6 dagen zat. Nou, we hebben ze daar een grote mond gegeven met zijn 3en tegelijk. en onze kaartjes laten zien en toen mochten we weg. Toen naar Berlijn en vandaar de trein naar Auschwitz, waar we om een uur of 2 's nachts aankwamen en zijn gaan slapen in de wachtkamer tot 6 uur waarna we de bus naar de I.G. genomen hebben. Zeg, 't is I.G. hoor geen J.G. Wat 't werk betreft, Jan en Carel werken in een barak en ik helemaal op 't fabrieksterrein. Maar dat maakt niet veel uit, want eten doen we 's middags geen van 3en tegelijk, en overdag zien Jan en Carel elkaar toch ook niet. Wat mijn werktijd betreft, op 't ogenblik werk ik korter dan Jan en Carel, ik begin een ¼ uur vroeger en scheid 3 kwartier vroeger uit. Alleen heb ik om de week 5 uren Zondagsdienst. Jan werkt helemaal niet over en Carel op Dinsdag en Vrijdag avond van 7 8 tot 10.

Auschwitz, 1st September 1943

Dear All,

I'm quickly writing you another page in the office, because this morning at half past eleven I received your first letter, in which you wrote, that you had received my first letter after six weeks.

The letter was dated 11th August '43 so it did not take too long. You were asking me about my journey which went like this:

Until we got to Bentheim it was all normal and then we had to get out for the customs check. They didn't check any of our stuff, we just got a stamp in our passport. After that we went to a transit camp in Bentheim. With our coupons we got a bowl of soup with two slices of bread with butter and mincemeat. Apart from us three there was another man for Auschwitz and we travelled unaccompanied. At about half past five in the evening our train left for Berlin and we nodded off a bit during the journey. At about six o'clock in the morning we were close to Berlin, but the train stopped there and then reversed into a wood between barbed wire. There was another transit camp there, but it looked more like a concentration camp and we all had the fright of our lives.

(We happened to be in a train full of boys who, just like I, were obliged to go to Berlin). Well we all had to get out, suitcases were taken and we got soup again with bread, one bowl and two slices of bread, which turned out to be the allowance for the day. The other boys told us that you had to stay here until you heard from your boss or until a boss was found for you. You had to sleep on a wooden box without blankets or a pillow, two men to a box. Fortunately we left again at eleven o'clock, so that we were there for only three hours. We met an acquaintance, Henk Lisseveld who had been there for six days already. Well we told them in no uncertain terms, all three at once, what we thought of them and showed them our tickets and then we were allowed to go. Then to Berlin and from there on to Auschwitz, we arrived there at two o'clock in the morning and spent the night in the waiting room until the bus came for I.G. (I.G.Farben, the factory). You know it is I.G. not J.G.

Regarding the work, Jan and Carel work in a barrack and I all the way on the factory terrain. Well, it doesn't matter too much because none of us three have our lunch together and Jan and Carel don't see each other during the day either. My working hours are shorter than Jan and Carel at the moment. I start half an hour earlier and finish three quarters of an hour earlier. Every other week I have to do five hours Sunday work. Jan doesn't do any extra time, Carel works Tuesday and Friday evening from eight to ten at night.

In my previous letter I have written already about my work shoes, but in case you didn't get the letter it's like this: next week I'm getting a great pair of high shoes with leather soles with my coupon. I'm getting them because I work on the factory terrain, so please let Pap keep hold of his shoes, because otherwise I have no more room in my cupboard to store all those shoes and I'm sure Pap can do with them.

I have received the photo of you, that's great, but I think I have already written this in that letter that you got from Rinus. It's great about the photos in Photo News, I hope we will get them soon. You have had a lot of guests staying with you lately. Fancy even Aunt Willemke turning up! Give my congratulations to Corry and Uncle Gerrit on the birth of the baby, and what a good name they have given her, how did they come by that name? Well Annie the way you described my room it isn't very nice, will you make sure it's ok again when I come on leave? You don't need to worry about my dirty washing, I don't wash it myself any more, I send it to the laundry in Auschwitz. Too bad about the boat, I thought that you would already be sailing in it.

If Ton comes round again, give him one of our bags, he brought one back, didn't he? I have already written to him to say that I don't remember anything about the whole business. I haven't told Jan yet about the swimming trunks, because I won't see him until tonight at quarter to seven, but you can be sure that he will be very pleased. Say Pap, I'm glad that you have had such a nice holiday, it was time you went away, wasn't it? You were writing about making progress here, but we mustn't count on that; the administration is in a big mess and whether you work hard or not, you get paid according to your age. For instance, Jan does nothing, I work a little bit and Carel works normally, but we all earn the same money. You can't decide if you get a lot of work or little work because it all depends on where they send you. Coming over here is not a good idea, are you mad, I will be glad when I can sit on our balcony again, you would find it hard in the barrack here, you have to sit on a stool without a back, it would be better if you could send the chaise longue over.

Well folks, I've got to stop and I am so happy that I have received mail at last.

P.S. We hebben van Harry Schroeder ook een brief gehad, die zit in Berlijn in een lager, werkt bij een slosserei. Wat een mop hè? Hij zou toch *nooit* naar Duitsland gaan!

Wat die werkschoenen betreft, in m'n vorige brief heb ik jullie al over m'n schoenen geschreven maar voor 't geval dat jullie die niet ontvangen, zit de zaak zo dat ik volgende week een paar prima hoge schoenen met leren zolen op m'n bon krijg. omdat ik op 't fabrieks-terrein werk, dus laat Pap z'n schoenen a.u.b. houden, want anders heb ik geen minute meer in m'n kast, om al die schoenen te bergen, en Pap zal ze best gebruiken kunnen.
Die foto van jullie heb ik gehad, dat is reuze, maar dat heb ik geloof ik al in die brief geschreven die jullie van Rinus hebt gehad.
Dat van die foto's uit Foto-nieuws is reuze, ik hoop, dat we die gauw krijgen en jullie hebt 't druk met logees gehad zeg. En wat is tante Willemke overkomen!
Feliciteer Loesj en Oom Joost met de baby zeg, wat een moordnaam hebben ze 't gegeven, hoe komen ze daaraan? Nou Annie, wat jij me van m'n kamer vertelt is ook wat moois hoor, zorg je dat 't weer in orde komt als ik met verlof kom?. Wat vuile was betreft, hoef je niet bang te zijn hoor, ik was op 't ogenblik niet zelf meer, maar stuur 't naar de wasserij in Auschwitz. Wat een sof van die boot zeg. Ik dacht nota bene, dat je er al mee zeilde. Als Ton nog eens aankomt, geef 'm dan een tas van ons, hij heeft 'r toch eentje teruggebracht hè? want ik heb 'm al geschreven dat ik me van die hele geschiedenis niets herinner. Jan weet nog niets van die [illegible] want ik zie 'm vanavond pas om 6.45. maar wees maar zeker dat ie 't reuze fijn van je vindt. En Pap, fijn dat jullie zo'n mooie vacantie hebben gehad, vooral voor u werd 't langzamerhand wel eens tijd dat u er uit ging hè? Wat u schreef over vooruitkomen hier daar moeten we maar niet op rekenen, want die administratie enz. is een grote rotzooi, en of je nu veel doet of weinig, je krijgt toch maar salaris naar je leeftijd. Jan voert b.v. niets uit, ik werk een beetje en Carel werkt gewoon, maar we verdienen allemaal 't zelfde. En dat je veel of weinig werkt heb je zelf niet in je hand, dat hangt er maar vanaf waar je geplaatst bent. Overkomen zou ik maar niet doen zeg, bent u gek geworden, ik zal blij zijn als ik weer op ons balconnetje kan zitten, dat zou u niet meevallen in die barak hier, daar zit je op een krukkie zonder leuning, stuur liever de chaise longue op! Nou lui, ik moet stoppen, 't beste en ik ben dolblij dat ik eindelijk post heb gehad.
't Beste hoor, en de groeten.

Wim

(zeg Pap, de [illegible] heer niet alles voor uw neus weg laten „kapen" hoor!

All the best and regards.

Wim

(Say Pap, make sure that the others don’t tell all the news before you get a chance to write!)

4-9-43.

Hallo Wim,

Nog eens even probeeren of ik aansluiting met je kan krijgen. Wat ellendig dat je nog heelemaal geen brief van ons ontvangen hebt. Het postverkeer schijnt hopeloos in de war te zijn. Jouw brieven zijn 20 dagen onderweg. Ik heb gisteren een proefpakje naar je gestuurd van de volgende inhoud. Een stuk eigen gebakken cake, een stukje kaas, 4 rollen drop en wat zuurtjes. In de hoop dat dat op de plaats van bestemming komt. 't Woog maar 2 kilo en 't kostte f 2.10. Ik schrok me een hoedje maar 't is ook zo'n eind hè. Als Rinus terug gaat brengt hij ook wat voor je mee. Die heeft last van z'n maag en blijft dus wat langer. En zeg, Jaap is ook met verlof en die komt over Kattowitz. Ik zal zien wat ik bij hem klaarspeel. Afwachten dus maar. Och jongen, wat sta je zielig op dat pasfotootje. En wat zal ik blij zijn als je weer veilig en wel bij ons bent. God jongen, daar kan ik echt naar verlangen. We missen je geweldig. Wat hier betreft gaat alles z'n gewone gangetje. Luchtalarm komt practisch niet meer voor en die week dat ze hier zo te keer zijn gegaan waren wij met de boot weg. Jullie zult ook niet veel last van vliegtuigen hebben, wel. Profiteer maar zoveel je kunt van de mooie omgeving. En wat dat geld betreft, bekommer je maar niet. Natuurlijk mis ik je geld en is schraalhans hier keukenmeester maar al is het niet veel wij leven nog hoor. Maak je vooral geen zorg om ons. Zie maar dat je er zelf goed doorheen komt

Amsterdam, 4.9.1943

Hello Wim,

Once again I'll try to make a connection to you. How awful that you still haven't received a letter from us. It seems that postal traffic is hopelessly disrupted. It takes your letters twenty days to arrive. Yesterday I sent you a trial parcel with the following: A piece of home baked cake, a piece of cheese, four rolls of liquorice and some boiled sweets. I hope it's going to arrive. It only weighs two kilos and cost Fl.2.10. The cost gave me a fright but then it is a long way, isn't it? When Rinus returns he will bring you something back as well. He has stomach problems so is staying here a bit longer. Jaap is also on leave and comes via Kattwitz. I will see what I can arrange with him. So wait and see.
Oh my boy, you look so pathetic on that passport photo. How glad I will be when you are safe and sound with us again. My God boy, how much I long for that moment. We are missing you so much. Here everything is fairly normal. We hardly ever have an air raid alarm anymore and the week when it was really bad in the air, was the week we were away with the boat. I don't suppose that you are greatly bothered by aircraft where you are. Take advantage as much as you can of the beautiful surroundings. As regards money, don't keep yourself short.
Of course I miss your money and in the kitchen things are scarce, but even though we don't have much we are still very much alive. Please don't worry about us. Just make sure that you come through this the best you can.
Say Wim, we had a good deal. If you spent Fl.1 in the Hema, they gave you a bottle of wine with an alcohol

Zeg Wim, wij hadden ook een bof. Als je in de
Hema voor f1 besteedde, kreeg je een fles wijn met
12% alcohol. Als jij jou fles ook heel kunt houden,
hebben we wat te pimpelen als je thuis komt.
Dat wordt dan een moordavond! Met pot
lood schrijven bevalt me ook niet, en m'n vulpen geeft
steeds de geest. Ik denk een lek zakje. Jullie weekend was
geweldig hè, nou dat van ons is letterlijk in 't water geval-
len. Zaterdagmorgen scheen de zon en dan weer een wolk
maar 't bleef droog dus vooruit maar. Nauwelijks zitten
we in 't treintje, of daar hadt je het geduvel. Een gietbui!
Niet mooi meer. Toen we bij de boot waren, dreven we al
Enfin, we moesten op schieten om melk te halen. Eerst een
gemodder om de boot uit het gat te brengen pal tegen de
wind in. Er was nog een stavense jol op het meer kan je
nagaan wat een weer het was. Nou Pap en ik bleven in de
kajuit. En stampen dat ding. 't Duurde niet lang of we wa
ren beiden zeeziek. Pap zag er uit als de dood op rolletjes en
ik ging over de tong. Tot overmaat van ramp liepen we nog
vast ook. Nou toen zijn we maar teruggegaan en heeft Oom
Karel op de fiets melk gehaald. Gauw een heet kop koffie
en toen naar café Zijp om wat bij te komen. Zondag's was
't zelfde laken een pak. We zijn om half 12 naar huis gegaan
en aan 't jokeren geslagen. Je kent Frans Lintelaan uit Eind
hoven toch wel? Nou die was er ook bij. 't Jonge wat kan
die stoeien zeg. Ik heb er nog een blauwe pols van. Zondags.
avonds zijn we bij Lorry geweest. Daar hebben we gezwartte
piet. En gelachen Wim, als er een een zwarte snuit had,
probeerde die z'n buurtje er ook wat van te geven. Zoodat we

content of 12%. If you can also keep your bottle intact we will have something to drink when you come home.Then we will have a great night!
I don't like writing in pencil and my fountain pen keeps packing up. I think the reservoir is empty.
Your weekend was good wasn't it, well our weekend fell literally in the water. On Saturday morning the sun was shining, then it became cloudy but it stayed dry so we decided to go. No sooner were we in the train than the trouble started. A rain storm! Terrible! When we arrived at the boat we were already soaked. Anyhow we had to hurry to get some milk. First the messing about with the boat trying to get her out right into the wind. There was only one other boat on the lake, so you can imagine what the weather was like. Well Pap and I stayed in the cabin. The boat was heaving like anything. It didn't take long before we were both seasick. Pap looked like death warmed up and I was throwing up. To add to our troubles the boat ran aground. Well after that we decided to go home.
Uncle Karel fetched the milk on his bicycle. We quickly drank a cup of hot coffee and then went to Café Zijp to recover a bit. On Sunday the weather was the same again. We went back home at half past eleven then we started playing cards. Do you know Frans Luitelaar from Eindhoven? Well he was there as well. He likes to play about and I still have a bruised wrist from that. On Sunday evening we went to Corry's. There we played cards. We had such a laugh, Wim, if someone had a card they didn't like they would try to pass it on to their neighbour. So that we all looked a right sight.
Corry's mum was playing too and she kept getting Pap. You know how absent minded Pap always is. I couldn't

eruit zagen als turken. Corry haar moeder was er ook bij
en die moest Pap maar aldoor hebben. Je weet hoe afwe-
zend Pap altijd is. Ik lachte me naar om zijn pogingen
om uit haar buurt te blijven. Knijpen hebben we ook
nog gedaan en Frans was de sigaar. Oom Karel maakte
hem zwart maar die lachte zo dat hij het gauw door
had. Enfin 't was Frans zijn afscheidsavondje want hij zou
volgende dag weer naar Eindhoven gaan. Maar 't was
zo gezellig geweest dat hij er nog een dag bij aan heeft geknoopt
en toen hebben we het bij ons nog eens dunnetjes overgedaan
Corry heeft een oppas bij haar baby gezocht (een schatje is
het zeg) zodat ze gerust weg kon. We hadden allen een
veeg gehad (Anny roetzwart van Frans) alleen Oom Gerrit nog
niet. (Ik hadt alle pogingen in 't werk gesteld om hem ook wat
van mijn zwart te geven maar 't lukte niet) Die begon
ineens te jammeren om zijn Lidy (zo heet de baby) ze zou
hem beslist al missen en 't niet mooi van haar Vader
v[illegible] haar zolang in de steek te ~~hat~~ laten. Nou toen
zijn we met zijn allen op hem gesprongen en hebben al
't zwart aan hem afgeveegd. Hij zag er uit zeg om te
gieren. He, dat doet je weer eens echt goed zo te lachen.
Frans kwam Dinsdags om half ~~hat~~ elf even afscheid nemen
Wij zouden hem wegbrengen gelijk met je pakje. Deze keer
heb ik m'n haar op moeten maken voor we weg konden.
Nou nog even de stad in voor een glaasje bier en 't eind
van 't liedje was dat hij met de trein van half vier ging
Wat ons betreft moet hij maar gauw nog eens aankomen
Dan vergeet ik alle ellende en zorg nog eens even.
Nou jongen, ik hoop dat deze brief je eindelijk eens bereiken

stop laughing at his attempts to stay out of her way. We also played pinching and Frans lost. Uncle Karel blackened him up but he was laughing so much that Frans soon cottoned on.
Anyhow it was Frans' farewell evening because the next day he was going back to Eindhoven. But it had been so nice that he decided to take another day and so we did it all again in a milder form at ours. Corry found a baby sitter for her baby (a real darling she is) so that she could easily come too. We all had had a streak of black on us, only Uncle Gerrit not yet. I had tried all sort of ways to give him some of my black but it didn't work. He suddenly started to cry for his Lidy, the name of his baby; she was bound to miss him by now and how terrible it was of him to leave her alone for so long.
Well at that point we all jumped on him and wiped all the black on him. He looked a sight we couldn't stop laughing. You know it was really good to be able to laugh like that.
Tuesday at half past ten Frans came to say good bye. We were going to see him off and at the same time post your parcel. I had to redo putting my hair up three times before we could leave. Then on into town to drink a glass of beer and finally he took the half past three train. As far as we're concerned he can come back again soon. That way I can forget all my troubles and cares for a while.
Well my boy, I really hope that this letter is going to reach you.
Keep well my boy. This will pass. A good hug for you and a firm hand shake for Jan and Karel from your Mams.
Bye darling, I hope till real soon.

Hello Wim
How are you? Everything is ok here. Mam was ready

zal. Hou je goed hoor jongen. Ook dit gaat voorbij. Een fijne
pakkert voor jou en een stevige hand voor Jan en Karel
van je Mams. Dag schat, ik hoop tot heel spoedig.

Hallo Wim
Hoe gaat het ermee? Hier is alles in orde. Mam was klaar
met schrijven en vroeg aan mij of ik nu even wilde schrijven.
Maar we zijn de kamers aan 't doen en ze haalt meteen de zi'ting
uit de stoel een mooie hoor. Wim we weten nog niet wanneer
Rinus vertrekt, maar at we zullen hem een pakje meegeven. Dat
zal je dan in elk geval ontvangen. Zeg Wim, Rinus heeft
een heleboel meegenomen uit (Duits) Duitsland wat je hier
niet meer kunt krijgen glaswerk, koppen en eau de cologne mee,
lekkere zeep lavendel. Er is niets van gebroken hoe bestaat
het he. Jaap is hier ook. Hij gaat zaterdag mee zeilen,
dus het is te hopen dat we een beetje beter weer treffen
dan verleden week. Het ziet er anders niet erg naar uit,
hoogst waarschijnlijk zullen we wel huisarrest hebben. Wim
je moet niet zo opscheppen met je eieren en je vlees, want wij hebben
al 14 dagen zelfs geen worstvelletje gezien. Nou Wim ik schei
er mee uit, want er moet nog wat ruimte over blijven voor Pap.
Hou je taai en doe de groeten aan de jongens. Een pakkert van Annie

Hallo Wim. Nu ik ben de hekkensluiter weer en
je ziet er zijn maar een paar regeltjes over gebleven
Moe vraagt of je al eens hebt laten wegen, en doe dit
dan eens, dan kunnen wij eens zien hoeveel kilo's je aan
gekomen bent, want ik geloof dat je er goed van eet.
Ik hoor dan de volgende brief je gewicht wel eventjes
En Wim verder 't beste en amuseer je maar goed en de groeten
aan Jan en Karel. au revoir

Papa

with writing and ask me if I would write now. But we are cleaning the rooms and she has taken the seat out of the chair, how about that? Wim, we don't know yet when Rinus leaves, but we will give him a parcel to take to you. You will certainly receive that. You know Wim, Rinus has brought lots of stuff from Germany that you can't get here anymore. Glassware, mugs and eau de cologne, a nice lavender one. Nothing got broken, amazing isn't it? Jaap is here as well. He is coming sailing on Saturday, so we hope to have better weather than last week. However it doesn't look as though it is going to be very good so that we might have to stay at home. Wim, you are showing off a lot with your eggs and meat to eat, for two weeks now we haven't even seen the skin of a sausage. Well Wim I'm stopping now because there has to be some space left for Pap.
Take care and give my regards to the boys.
A hug from Annie.

Hello Wim.
Well I am the last one to write again, and you can see that only a few lines are left. Mum asked if you have had yourself weighed so that we can see how many kilos you have put on. It sounds like you get plenty to eat. So I will find out your weight in the next letter.
Wim I wish you all the best, enjoy yourself and regards to Jan and Karel, au revoir.

Pap

Auschwitz, Zondag 5 Sept. '43.

Beste Allemaal,

Jullie zult wel achterover slaan van al die post de laatste tijd, en ik had eerst niet weer willen schrijven, maar Jopie die deze brief meeneemt, gaat toch ook naar de Bloemgracht, dus kan ie meteen wel even bij jullie aan, hij is nogal gek op koffie.

Nou, ten eerste wou ik vragen, of jullie die zending van Kochbach gekregen hebt. Dat was een brief met 50 M. in een enveloppe, een losse brief zonder enveloppe, als antwoord op jullie eerste brief die ik heb ontvangen en een pakje met 20 sigaretten. Is dat O.K.?

K[illegible]bach is Woensdagavond vertrokken, dus ik denk, dat ie gistermorgen bij jullie is geweest.

Nou, nieuws heb ik natuurlijk niet, alleen krijg ik Dinsdag m'n schoenenbon en gisteren heeft een jongen hier op de kamer een paar hoge schoenen gehaald, waarachtig, geen zwarte maar bruine, en een heer momentje! om van te kwijlen. Nou wou ik ook bruine nemen, ze kosten me ± 15 M., maar ik heb zo goed als geen bruine schoensmeer hier, dus doen jullie me nu eens een zeer lol, en stuur me als jullie m'n [illegible] en m'n [illegible] op sturen meteen een paar doosjes bruine schoensmeer, want die is hier nergens te krijgen en ik zit er om te springen.

Jan heeft gisteren een brief van z'n broertje Anton en z'n vader uit Berlijn gehad, die zijn er levend van af, hun lager is gebombardeerd, en [illegible] zijn alles kwijt, hebben nu alleen nog maar wat ze aan hun lijf hebben. We wilden ze eerst wat sturen, maar ze krijgen gelukkig alles vergoed, alleen mogen ze niet met Urlaub naar Holland om nieuwe kleren en dat is wel een sof.

Nou, van de rest is er geen nieuws, o, ja toch, Carel heeft van Frans een brief gehad uit Berlijn, waar een foto in zat uit een tijdschrift, waar we met z'n 4en instonden, lollig hè? van [illegible] hebben we die foto's waar jullie over schreven nog niet gehad. Nou hoor, 't beste er allemaal mee, hou jullie taai en schrijf maar weer gauw terug. De mazzel hoor!

Wim.

P.S. Als jullie nog niets van Kochbach hebt gehoord, informeer dan eens bij 'm thuis, hij woont in de Wagenaarstr. (O.) Nr. ? maar dat kan jullie misschien wel uitvissen. Wim

Auschwitz, Sunday 5th Sept. '43

Dear All,

You must be amazed by the amount of mail of late and I had not really intended to write any more, but Jopie who is taking this letter is going to the Bloemgracht (home address) and will call on you, he is fond of a good cup of coffee.

Well first of all I wanted to ask you if you have received the delivery from Koekkoek?

That was a letter with 50M. in an envelope; a single letter without an envelope, in reply to your first letter that I received and a packet with twenty cigarettes. Is that ok?

Koekkoek left on Wednesday night, so I think he came to you yesterday morning. Well, of course I don't have any news other than that on Tuesday I'm getting my shoes coupon.

Yesterday a boy here in our room has bought himself a pair of high shoes, fantastic, not black but brown, and the quality of the leather you would not believe, so great. Now I want to get brown shoes as well, it'll cost me about 15M. but I've hardly any brown shoe polish left.

So you would do me a real big favour if you could send me some tins of brown shoe polish when you send my plus fours and my fur cap. It's impossible to get brown shoe polish here and I'm in dire need.

Yesterday Jan got a letter from his brother Anton and his Dad from Berlin, things are bad for them, their barracks have been bombed and they have lost everything. They have only got the clothes they are wearing. First we were thinking of sending them something, but fortunately they will get everything replaced. Only they are not allowed to go on leave to Holland to get new clothes and that's really bad.

Well no further news, oh yes, Carel has received a letter from Frans from Berlin. In the letter was a photo out of a magazine of the three of us, funny isn't it? We haven't yet got the photos you wrote about, which Rinus is meant to get to us. Well folks, all the best with everything, keep well and write back soon. Good Luck!

Wim

PS If you still have not heard from Koekkoek, then try to enquire at his home, he lives in the Wagenaar Street in East or North? You will have to find out.

W.

A P Belkum.
John Franklinstraat 53^III
Amsterdam (W)

Amsterdam 6 ~~Aug.~~ Sept. '43

Beste Jan Wim en Carel

Heden ontving ik 2 brieven één van Wim en één van Jan.
Ik heb van jullie uitvluchten gehoord een het lijkt mij
een gezellige boel. Maar ik heb het hier ook leuk
tegenwoordig. Er is door de N.J.H.C. een z.g.
„Voortrekkers" cursus georganiseerd. Wij leren daar
leiding te geven aan jongeren. Johan van Caspel
redacteur van de Trekker is mijn persoonlijke vriend
wij praten veel samen en hij heeft mij de adminis-
stratieve leiding van de volksdans les opgedragen
Als de Trekker jullie ooit nog bereikt kun je het
lezen van de Jeugd conferentie enz. Ex Zinkputters
ontmoet ik nooit meer. In Vught kom ik dikwijls.
11 Sept is daar weer een z.g. „Jeugd conferentie"
Daar worden allerlei actuele onderwerpen besproken doch
vooral de houding van de tegenwoordige surrogaat
trekker met al die tierlantijntjes. Zij dragen de
bijnaam van „Komsomol"s. Het is altijd interes-
sant. Want welke wending het debat ook neemt de
politiek en het geloof komen er altijd bij. Maar
over één punt zijn wij het allen eens n.l. dat de
Jeugd ten gronde gaat en dat zij behoefte aan
leiding hebben. En die leiding willen wij ze geven
gezamelijk ongeacht onze politieke tegenstellingen.
Dat neemt niet weg dat op elk weekend zwaar
geboomd wordt. Van Caspel en zijn geestverwanten
krijgen iedere week weer een lawine van feiten
te weerstaan, doch hij staat als een rots en
weet alles schitterend uit te leggen, hoewel ik
er de logica niet altijd van doorgrond.
Maar een ding staat vast wij allen leren er een

Amsterdam 6th Sept.'43

AP Belkum
John Franklin Street 53"
Amsterdam (W)

Dear Jan, Wim and Carel,

Today I received two letters, one from Wim and one from Jan. I have heard all about your adventures and it sounds like you're having a ball. But I too have a good time nowadays. The N.J.H.C. (Netherlands Youth Hostel Club) have organised a so called "ramblers" course. We learn there how to lead the youngsters. Johan van Caspel the editor of the magazine The Rambler is my personal friend. We talk a lot and he has entrusted me with the administration of the folk dance lessons. If the Rambler is ever going to reach you, you will be able to read about the Youth Conference etc. I never meet any ex Zinkputters (name of the club of my father and his friends) I often go to Vught. On the 11th September there will be another Youth Conference. There will be discussions on various topics such as the attitude of the present surrogate rambler and so on. They are known as the Komsemol's. It is always interesting. No matter which direction the discussion takes politics and religion are always there. But on one point we are all agreed, namely that the youth is going down and needs direction.

We want to give them that direction regardless of our political convictions. Nevertheless, every weekend, it is a constant topic of conversation. Van Caspel and his friends receive a lot of information each week, but he is as firm as a rock and manages to explain everything very well, although I can't always follow his logic. Well one thing is for sure, we all are learning a lot. There is never any real hatefulness and during sport, play, folk dancing and singing there is always a positive atmosphere.

We are also busy organising a ramblers' evening in Amsterdam. You see I don't need to be bored. One evening the course, one evening folk dancing, one evening sport followed by a weekend or a Sunday afternoon. I haven't even mentioned our ballet group, theatre group, and singing group. None of these interest me though.

Flat Bob sends his regards, I saw him this week. I'm still working very hard. I very much long for someone with whom I can have a good conversation and unburden my heart. Father Sonneboom is the one I can talk to the best and he understands exactly how I feel, so alone. I have got several loaves from Schijndel (the baker's my father had worked for) and they still ask about you. They too send their regards and here I'm ending my letter. Thank you very much for your letters and I hope that I haven't written this letter in vain.

toel van. Hatelijk zijn wij nooit en tijdens de sport spel en volksdans en zang heerscht een gezellige sfeer. Ook zijn wij bezig een bonte trekkers avond te Amsterdam in elkaar te draaien. Je ziet ik hoef me niet te vervelen 1 avond cursus 1 avond volks dansen 1 avond sport gevolgd door een weekend of eventueel een Zondag middag. Om nog te zwijgen van onze ballet groep, toneelgroep, zang groep enz maar daar heb ik geen tijd voor. Jullie moeten de groeten hebben van platte Bob. Want die heb ik van de week gezien. Ik moet nog steeds hard werken. Maar ik verlang erg naar iemand waar ik eens fijn mee kan praten en mijn hart uitstorten. Met vader Sonneborn kan ik het beste praten en hij begrijpt ook precies hoe ik me voel zo alleen. Uit scheyndel heb ik verschijdene broodjes gehaald en ze vragen steeds naar jullie. Ook van hun moet jullie groeten hebben waarmee ik dit epistel eindig. Hartelijken dank voor jullie brieven en ik hoop dat ik deze niet voor niets geschreven heb. Auf Wiederhören, dass Sie ein andermal wieder kehren. Hoe vind je me, dag.

Tom

P.S.

Dit is de vijfde brief die ik per post verzend behalve 2 die ik met Remus mee heb gegeven. de volgende brief zal ik met 6 merken

Tom

Auch die herzliche Grüsse von Jeanne

Auf Wiederhoren, dass Sie ein andermal wederkehren.
(Hear from you, hoping that you return soon)

How about that then, hey?

Tony

PS This is the fifth letter that I have sent by mail, apart from the two that I've given to Rinus. I will mark the next letter with a six.

Tony

8-VIII-4 . Berlin

Jongeman

In antwoord op uw schrijven van 26 Augustus wil ik u er even op attent maken dat een leetje meer eerbied voor een hoogstaand mens wel zeer goed op zijn plaats zou zijn geweest.
Dat (ouwe laugenaar) komt mij zo voor als een grove beleediging van mijn persoon waarbij u geheel de persoonlijke waarden uit het oog schijnt te verliezen, nog daarvan afgezien welke immorele gedachten u moet koesteren om zulke uitdrukkingen te besigen.
Jou tuk als jij nog een keer de honige moed mocht be-zitten zal ik mij genoodzaakt zien mij ros te bestijgen, mijn schietijzers in gereedheid te brengen en jullie onverlaten eens mijn wrekende hand laten te voelen.
Bovengenoemd liefelijk schrijven was het eerste wat ik van je ontving dus die andere 2 zullen wel verdwenen zijn, of ze moeten nog allemaal onderweg zijn..
Je mag tegen Karel tenminste wel zeggen dat hij die schoenen aangetekend verzend want anders zie ik die ook nog verdwijnen.
Je vraagt of we hier ook last van luchtalarm hebben nu dat gaat best hoor, alleen als er alarm is zijn de vliegers meestal ook daar en dan gaat het hier te keer hoor.
Gelukkig zijn we nog al door gespaard gebleven maar je moet toch weer met zo'n pechvogel wezen.

8th September, Berlin

Young Man

In reply to your letter of the 26th August I would like to draw your attention to the fact that it would have been better to show some more respect for such a highly regarded person as myself.

Those words (old liar) would seem to me to be a rude insult to my person, whilst you seem to have lost sight of the consequences of such talk, quite apart from the immoral thoughts that you must have had to enable you to use such expressions. Should you ever use such language again, I will be obliged to mount my horse and pistols at the ready to let you feel my revenging anger.

Above mentioned lovely writing was the first that I got from you, so the other two letters must have disappeared or they are still on route.

You have to tell Karel to send those shoes recorded delivery otherwise I can see those disappear as well.

You asked if we have many air raid alarms here, but that is not too bad. The only thing is when there is an alarm the planes tend to be here, and then there is an almighty noise.

Ja, je mag kankeren wat je wil maar ik schei er al weer mee uit.
't is nu de 2de dag dat ik boemel en vooral deze dag heb ik niets anders gedaan als schrijven en nog eens schrijven dus kan je je wel begrijpen dat ik niet veel zin meer heb.

Machst gut und schreibe baldigst wieder.

Salut
Frans

Fortunately, so far we have been spared, but you could be unlucky.

Well you can moan as much as you like, but I'm finishing this letter already.

It's the second day that I'm relaxing and today especially I've done nothing but writing so you can understand that I don't feel much more like it.

Machsts gut and schreibe baldigst wieder.

Salut
Frans

Mehr als
32 MILLIONEN BRT sind weg!
12 12
DEUTSCHES REICH
ae
Den
I G Farbenindustrie
Electro-Abteilung
Auswitz 3 0 S
Deutschland.

Will Jansen
Berlin SW 68
Lindenstrasse 102
(Deutschland)

Beste Wim, 9. Sep. 1943 September 1943
9. Sep. 1943 Waidmannslust.
Berlin N.

Ik heb van jou ook nog een
brief ontvangen. Alles gaat toch
ook met jou nog goed? Ik maak
het ook nog goed, nu en dan
eens een bombardamentje maar
dat mag hem niet hinderen! Ik hoor
dat ook het eten goed is, maar dat
is hier niet zo erg, altijd maar
soep en nog eens soep. Als je er
niets bij koopt, sterf je de moord
van de honger. Gelukkig verdienen
we hier allemaal dik, dus heb
ik geld genoeg om wat te kopen. Ik
koop elke week 20 kl. aardappelen, en eet 's middags in een restaurant. Het is hier natuurlijk
niet vervelend, het stikt hier van
kino's en van aardige meisjes
en ik hoop maar dat je er

1st September 1943

Waidmanslust
Berlin

Dear Wim,

I've just received a letter from you as well. Everything is still going alright with you. I'm still alright as well, from time to time a bombardment but never mind. I hear that the food is good, well it isn't so good here, always soup and more soup. If you don't manage to eat anything else with it you would be very hungry.

Fortunately we earn really good money here, so I have plenty of money to buy food. Every week I buy twenty kilos of potatoes, at lunch time I eat in a restaurant. It is of course not boring here, there are plenty of cinemas and nice girls too.

I hope that you are not short of that either .We're also close to an open air swimming pool, fantastic of course, especially with all this heat. Will we be able to go away again at weekends or will that be over now. I often think about that time you know. On Sundays I never need to work. I can if I want to and then I would get paid 50M. However I don't do it. I'm not here to work only. During the week I work from seven in the morning till five in the afternoon, with an hour for lunch. So

dagen ook geen gebrek aan hebt.
Ook liggen we hier bij een groot
[illegible], waar natuur-
lijk vooral met die hitte. Zondag
we weer in de gelegenheid gesteld
worden om te [illegible] of wel
dat voorbij zijn. Ik denk nog vaak
aan die tijd hoor. Zondags heb ik
nooit te werken. Ik mag het wel
en kan dan 50 [illegible] verdienen. Ik
doe het echter niet. Ik ben hier niet
om alleen maar te werken. Door de
weeks werk ik van 7 uur tot 5 uur
met 1 uur eten er tussen. Dat is dus
haast gelijk als in de stad. Wat jammer
dat we [illegible] zo'n verbinding hebben met elkaar wel? Ik zit nu
weer in een nieuw lager met het
oog op het voorlaatste bombardement, dat zul je van Jan zijn baas
wel gehoord hebben. Hou je maar
goed ik en schrijf ook weer eens
terug. Doe je moeder ook de
groeten van mij [illegible]

that's about the same as in the city.

Great isn't it that we have managed to make contact so soon. I'm in new barracks now, because of the last but one bombardment. I suppose my brother Jan has told you about this.

Take care and write back some time.
Give my regards to your Mother.

Regards from me,
Anton

Annefey
I

15-9-43.

Win Aan de lieffelyke rot-koppies

Jan het dus de eerste prijs ge wonnen met
hard schrijfen Nou me snoeien wint ik de
tweede Dat kat ten kwaad uithalen op je
leek moet nu maar eens afgelopen wezen
anders zal ik daar de orde een komen
regelen Want zo is dat niks knudde
met een rietje Op het ogenblik zit ik
op me kruk voor de naai machine van
het atelier. Het is wel zenuwachtig
schrijfen Want telkens als de deur open
gaat schrik ik me half dood Ja hij moett
eens binnen komen En tegenwoordig
gaat het hier niet zo gemakkelijk meer
als ik riek iets te vertellen het kan ik
haar niet eens spreken doen doen we dat
met een briefje dat laten we het knechchien
brengen. Ja zo moet je je tegenwoordig
redden o Juul daag was ie weer net
Op ogenblik moeten we wel hard voor
geen minuut het je tijd dat je iets doet
Daarom schrijf ik dezen brief Eigelijk is
dat chandestien maar och frea geeh
Na etens tijd ga ik wel weer verder
Zo daar ben ik weer het was vandaag
opgebakken aardappeltje met een biefstukje

Amsterdam, 15-9-43

To the lovable Rotters,

Ton has won the first prize being the first to write to you. Well maybe I win the second prize. You must stop being naughty at work, otherwise I will have to come to bring order to the place because this won't do at all. At the moment I'm sitting on my stool in front of the sewing machine at work. It's quite nerve wracking writing like this. Every time the door opens I get the fright of my life. Yes, the boss could walk in. Nowadays things aren't so easy any more. When I want to tell Riek something I can't even talk to her so we write each other notes which we get the clerk to pass on.

Yes, that's how you have to manage these days. Oh dear, there he was just then. At the moment we have to work really hard without a moment to ourselves. That's why I'm writing this letter although really I shouldn't. After lunch I will continue.

So I'm back again; today it was fried potatoes and a mince steak, pudding for afters. But I didn't like it so I had a sort of blancmange. First I've got to do some sewing now. So now it's your turn again. Well this way I fill my time. So you are leaving the zoo you're in? Couldn't they use you there, did they have enough monkeys already? But anyhow next time better. Maybe

En een puddingje na. Maar dat lust ik
niet toen heb ik maar gewapend betonsoep
gegeten. Ik ga nu eerst weer eens een
stukje stikken Zo nu ben jij weer aan de
beurd Ja zo, komt ieder op z'n tijd
Zo dus jullie gaan vertrekken uit dat die
dierentuin konden ze jullie niet gebruiken
dan zijn er zeker al genoeg apen Maar
afijn de volgende keer beter. Meisjes
woonden jullie nu wel bij de gezegtang;
gedaywoedy Maar zonder olifant en geen een
stokkie ik ben toch maar blij dat jullie daar
weg gaan En ik hoop maar dat het daar een
stukje beter gaat, ik schei er mee uit En ga
van avond wel weer verder We gaan nu
heerlijk naar huis Zie zo daar ben ik
weer Nou ji wou zo graag naar mokken
nu daar is ook niks an hoor blijf dan
maar daar dan kenje tin minste nog
fijn wiekende dat is hier niet het geval
Nou mijn suikerbollen ik schei er mee
uit, adjuus hoor het beste met je been
wat betekend dat eigelijk nous rest ons
ficley a vous En jullie moeten daar
niet zo veel met zieltje uit gaan
want dat werkt echt op me hele
nachten kan ik er niet van slapen.

Nou Mafse. Gegroet

Ai en ries

Je moet maar tegen Carel zeggen dat we nooit
zoenen En helemaal geen kussen in briefjes
oversturen

→ Want dan heeft ie geen kousse

they will put you with the orangutans this time. But without elephants I am though pleased that you are leaving there. I hope that it will be a bit better there for you. I'm stopping now and will continue tonight.

Lovely we are now going home. So here I am again. Well you were wanting to go to Mokum so much, but it's not very nice you know. You are best staying there, at least you can go away at weekends which you can't do here. Well my sugar buns, I'm finishing now. All the best and good luck with your leg. What does that really mean: nous restons fidel a vous. And you should not be going out so much with the girls there. We really don't like that very much I have sleepless nights about it.
Well, all the best, regards,

Ali and Riek

You have to tell Carel that we never kiss and certainly never send kisses in letters, then he thinks I'm cool.

16 9-43

Beste zinkputtas,

Ik had al een brief geschreven maar niet weggestuurd omdat die zo hopeloos geschreven was Nu heb ik postpapier van Gre gepikt omdat ik niet had. Nou moeten jullie niet zo tekeergaan want ik heb lang een keer geschreven. Toen hadden wij zelfs nog niets ontvangen. Zeg als jullie weer gaan trappen als je weer in Holland bent dan mogen jullie wel een strofje opzetten. want die niet meisjes gaan dan geldt het zelfde voor al de [illegible] meisjes. Wij hebben sinds onze vacantie maar 1 keer geweekend en dat was 11 Juli naar Rhenen. A. s. Zondag gaat Ali misschien naar Noordwijk daar is een gezellige avond: bonte avond. Jullie zitten steen en been te klagen dat het daar zo warm is ik wou dat wij eens een fatsoenlijk zonnetje zagen. 't is toch slecht verdeeld in de wereld vind ik

Amsterdam, 16-9-43

Dear Zinkputters,

I had already written a letter but not sent it because it had been so hopelessly written. Now I have pinched some writing paper from Gre because I didn't have any more. You have to stop complaining because I did write once before. This was before we had received anything.

Since our holiday we've only been away for one weekend and that was 11th July to Rhenen. Maybe Ali will be going to Noordwijk next Sunday, there will be a party evening. You are moaning that it is so hot over there, yet I'm wishing for some sunshine.

Things are badly arranged in the world I feel.

We also have to work very hard. At first I was lucky that the trouser department only had to work forty hours. That lasted for two days, then someone got ill and I had to take the place.

Now I'm sitting opposite Ali and have to work fifty four hours again. If you have to go to the doctor you always need a note. I asked for one and imagine they wanted to know what the complaint was. I told them that it was none

Wij werken ons ook de pukkel nog daarbij

Ik had eerst een mazzel dat de boekenafd. maar 40 uur hoefde te werken. Dat had ik 2 dagen meegemaakt toen werd er 2 hoog een ziek en moest ik invallen. Nu zit ik tegenover Ali en werk weer 54 uur. Als je naar de dokter moet moet je altijd een briefje vragen nu vroeg ik dat ook en laten ze nou vragen waarom ik moet. Ik zei natuurlijk dat ze daar niets mee te maken hadden. De bedrijfsleider zei nou dan ga je maar een andere keer want we kunnen je op 't ogenblik niet missen. Ik heb natuurlijk toch een briefje losgekregen en ga nu morgenochtend na eerst een uurtje langer te maken. Ik geloof dat Gre verder wil schrijven dus moet ik uitscheiden. Nou jongens hou je taai en de groeten en vele handjes

van

Kiek

p.s.

Gre haar handschrift zal wel erg verschillen met het mijne

of their business. The manageress said well you have to go another time because we can't do without you. Of course I did manage to get a note and will have an hour longer in bed tomorrow.

I think Gre wants to write some as well so I will have to stop. Well boys, keep well and regards and lots of hand kisses from

Riek

PS Gre's handwriting will be very different from mine.

Gre is still not writing so I will continue with this letter, otherwise it'll still be here next week.

Meanwhile I have heard that you want to perform the cabaret. You will miss the girls for that. I say, can you get nice neckerchiefs there? Those Swiss' ones. Ali and I are very interested if you can and will send the money for them.

I really don't understand how it is that you still have not received any letters. This is the second one I have written.

Our Gre has lost her ID card. This happened whilst she

was on the loo and she flushed it by mistake. She hardly dared tell them at the office. On the way back she was in fits of laughter. Well boys, it's time for dinner, so I stop.

Riek

Gre schrijft nog steeds niet daarom ga ik maar
weer verder anders staat deze brief hier ook
nog andere week Ondertussen heb ik gehoord
dat jullie die revue willen opvoeren daar
zullen jullie de dames wel bij missen.
Zeg kunnen jullie daar ook nog leuke
halsdoeken krijgen? Van die Zwitserse.
Dan houden Ali en ik ons aanbevolen. en
sturen we het geld wel over
Ik snap evengoed niet dat jullie nog geen
brieven het ontvangen. dit is toch al de
tweede die ik schrijf. Onze Gre is haar
persoonsbewijs kwijt. Dat is terwijl ze
het in noodzakelijke deed ook mee door
geweld Ze durft dat op het bureau haast
niet te vertellen Ze het onderweg gewoon
lachstuipen gehad Nou jongens ik moet eten
dus schei ik er maar weer mee uit
Riek

Auschwitz, 20 Sept. 1943.

Beste Allemaal,

Hier is dan eindelijk weer eens een briefje terug. Om te beginnen heb ik Vrijdagmorgen jullie brief van Rinus ontvangen, waar jullie in schreven, dat dat pakketje met mijn plus-four enz. in aantocht was. Dat was dus al super, dat ik weer bericht van jullie kreeg, en 's middags had ik in een andere barak gewerkt en toen ik terug kwam, lag er een kaart op m'n bureau, dat er in Katowice een pakketje voor me lag. Nou, ik meteen naar m'n chef toe, en voor de volgende morgen vrij gekregen, om dat pakje te halen.
's Avonds in 't Casino bij 't eten hadden Jan en Carel ook nog reuze nieuws, om te beginnen waren we al een week bezig een Hollandse revue in elkaar te draaien. Omdat mijn gitaar kapot was, heb ik een andere van de I.G. in bruikleen gekregen, zolang de mijne op de kosten van hun gerepareerd wordt. Dan waren we voor a.s. Zondag door de vertegenwoordiger van het D.A.F. uitgenodigd om ~~x~~ weer eens met een Ausflucht mee te gaan. 't Kostte ons geen enkele bon, zodat we een Urlaubkarte van een hele dag overhielden d.i. 50 gr. vlees, 30 gr. boter, 300 gr. brood, 50 gr. koek en 25 gr. puddingpoeder. En ten tweede werd 't [illegible] in overwerk, en hebben we gisteren ons dus een ongeluk gegeten en tevens van 8 tot 10 dus 14 overuren à 50 % gemaakt, die we morgen uitbetaald krijgen. Verder is er op 1 Oct. een Duitse Kameradschaftsabend, en dat zijn ook alweer overuren, terwijl we wel dronken t'huis zullen komen.
De variété-avond is reuze geslaagd, we zijn 2x opgetreden met zijn 3en, en hebben reuze succes gehad. Er is door een Vlaming, die hier fotograaf is voor technische [illegible] enz. een mooie foto genomen, die Jan hier ~~[illegible]~~ net gehaald heeft. Appie, met een Ned. vlag achter ons en een microfoon voor ons.

Auschwitz, 20th September 1943

Dear All,

Here at last is a signal back. To start with, on Friday morning I've received your letter from Rinus, in which you wrote that the parcel with my plus fours etc. is on its way. That was super, that I got news from you again. In the afternoon I had worked in different barracks and when I came back again, there was a card on my desk to say that there was a parcel for me in Katowice. Well, I went straight to my boss to ask for time off for the following morning to collect that parcel.

In the evening during dinner in the canteen Jan and Carel had fantastic news. We have been trying for a week now to produce a Dutch revue. My guitar is broken and I.G. (I.G.Farben) have lent me one, mine is being repaired and I.G. is paying for it. Also this coming Sunday we have been invited by the representative of D.A.P. (Deutsche Arbeit Partei) to go with them on a day out. We did not have to use any of our leisure coupons so that we were left with a leisure coupon for a whole day. This means 50gr.meat, 30gr. butter, 300gr. bread, and 50gr. cake and 25gr.pudding powder. The period of the trip was considered overtime and so yesterday we just ate and ate and were paid extra, from 8 to 10 so 14 hours of overtime at 50%, we will get paid tomorrow.

Wim, Carel and Jan on stage in Auschwitz at the variety evening 18th September 1943

On the 1st of October there is a German Comrade Evening and that's overtime again, and I'm sure we will come home drunk. The variety evening was a great success, the three of us performed twice and we had great success. A Flemish boy, who is a photographer for technical stuff etc. has taken a fantastic photo that Jan has just bought. There is a Dutch flag behind us and a microphone in front of us.

Well coming back to that parcel. I went to Katowice on Saturday morning, it was super weather. First I had a good time going round town (It was the first time in three months that I saw a decent sized town again) and then on to collect my parcel.

It took ages for the girl to find it and I was getting nervous that it had been lost, but fortunately it was there. I was expecting a huge parcel, because you were writing about the plus fours, but I got a packet the size of a shoe parcel. I was getting annoyed, because I thought that half the contents had been nicked. I stuck my finger through the paper to see if my brown sugar was still in it. I felt something sticky and thought oh hell, the sugar has become wet. But when I came home and opened the parcel there was cake, cheese and a roll of liquorice and then I saw too that there was a label of the Central Station on it. Well it was super, I am very grateful to you and it was a real pleasure to eat a good Dutch cheese again. The other parcel is still on its way; Jan got a letter from Rinus today, in which he wrote that he had sent a parcel so that's still to come.
As regards my shoes, I'm wearing them at the moment

AUSCHWITZ
COCK-
TAIL
OST

Two drawings made by Wim Nauta whilst working in Auschwitz

Nou, om op dat paketje terug te komen, ik op Zaterdagmorgen met super-weer naar Katowice, eerst lekker de stad wat in geweest, (voor 't eerst in 3 maanden dat ik weer eens een behoorlijke stad zag) en toen m'n paketje gaan halen.
't Duurde verrekt lang, dat die geit aan 't zoeken was, en ik had al de zenuwen, dat 't foetsie was, maar gelukkig was 't er. Ik verwachtte een reuze pakket, omdat jullie schreven over die pakus. Zou, maar ik kreeg een paketje ter grootte van een schoenendoos. Ik had de pest al in, omdat ik dacht, dat er de helft uitgegapt was, en ik stak m'n vinger door 't papier om te kijken of m'n kleine suiker er nog in zat. Ik voelde toen iets kleverigs en dachtte verdomme, nou is die suiker ook nog nat geworden. Maar toen ik 't pakketje thuis openmaakte, zat er een ketelkoekje, kaas en een rolletje drop in, en toen zag ik ook, dat er een biljetje van 't C.S. op zat. Nou, 't was super, jullie worden reuze bedankt, en 't was gewoon een genot om weer eens goeie Hollandse kaas te eten.
't Andere pakketje is dus nog onderweg. Jan kreeg vandaag een brief van Ringers. waarin ie schreef, dat ie een paketje afgezonden heeft, dus dat komt nog.
Wat die schoenen betreft, ik heb ze op 't ogenblik aan en nog wel met m'n witte kousen + een paar sokken, 't is dan ook maat 47, gewoon een paar slagschepen, maar ik heb ze expres zo groot genomen, om m'n witte kousen er in te kunnen dragen. Vanavond goot 't als de hel, en ik stapte met m'n voet in een plas, tot aan m'n enkel, en er kwam geen druppeltje door, ze zijn super. O, ja ik heb toch maar zwarte genomen, maar als jullie kiwi schoensmeer sturen kunnen, dan graag, want ik heb geen ~~da~~ spat meer, en moet m'n andere schoenen toch ook poetsen.
Wat jullie schreven over dat geld sturen, zal ik inderdaad van

with my thick white socks and an extra pair of socks, they are size 47, like a pair of battle ships, but I got a big size on purpose so that I can wear my white socks in them. It was raining like hell tonight and I stepped in a big puddle, went up to my ankles in the water, but not a drop came through my shoes, they are super. Oh yes, I decided to take black ones, but if you can send brown shoe polish, that would be great, I've got none left and I do have to polish my other shoes as well.

About sending money, in fact I won't be able to send you any this month, because we have been spending quite a lot and I have bought my shoes, but when I can spare some I will send it of course. At the end of the month I get cigarettes again, on the new coupon, I will send them recorded delivery. Pap, what you asked about cigars, I don't think that will be possible, I will try to get hold of some, but if it doesn't work you will have to make do with rolling tobacco.

Well after all that good news, I've got something else as well. This week my briefcase was stolen. Fortunately there was hardly anything in it, a sandwich and some jam, so not worth much, but it is a real shame about the bag. Of course I've reported it, but I might as well forget it.

Yesterday some Englishmen arrived in uniform with cigarettes. So far I've not managed to get any, but I'm sure that will happen. The brand is 'Players'! At the

deze maand niet kunnen sturen, want we hebben nogal wat uitgegeven en ik heb mijn schoenen gelapt, maar als ik missen kan
stuur ik natuurlijk. Sigaretten krijgt Moe aan 't einde van de
maand weer, op de nieuwe bon, ik zal ze aangetekend sturen. En
Paps, wat u vroeg over sigaren, dat zal wel niet gaan, ik zal
proberen ze op de kop te tikken, maar als 't niet lukt zult u met
pijp shag genoegen moeten nemen.
'K, na al dat goeie nieuws heb ik nog wat anders ook, ze
hebben n.l. van de week m'n actie tas gepikt. Gelukkig zat er
haast niets in, een ½ broodje en wat jam, dus niet de moeite
waard, maar van die tas is 't erg jammer. Ik heb 't natuurlijk aangegeven, maar dat zal wel foetsie zijn.
Er zijn hier gisteren ook nog engeltjes aangekomen, in uniform en
met sigaretten. Ik heb ze jammer genoeg nog niet op de kop
kunnen tikken maar dat zal wel komen. Merk „Player"!
Ik heb op 't ogenblik 4 foto's van Sjef (dat is die Kanning) gehad
ze zijn reuze mooi, in 't zelfde genre als die foto van jullie van Radé-
ma zo ik durf ze niet op te sturen, want als die brief wegraakt, is 't
zonde van die foto's.
Verleden week Zaterdagavond zijn we na een Ausflug met een paar Kamera's
mee geweest en hebben tipsy thuis gekomen, maar dat heb ik geloof ik
al opgeschreven.
Nou, ik stop eens, want 't is de hele week al reuze laat geworden
en ik val om van de slaap. 't Beste er dus weer mee, en doe s.v.p. Mr. v.
Weeren ook de groeten, en zeg hem dat ik 'm al 2x geschreven heb, maar
nog niets van 'm ontvangen. Nou hoi, de mazzel, en als ik m'n
andere fiets ontvang, zal ik meteen schrijven. Da mazzel hoor!

202

Wim

moment I've got four photos from Sjef (the Flemish boy), they are very good in the same style as your photo from Ladde. I daren't send them, because it would be a shame if that letter got lost.

Last Saturday night after the outing, we went out with some Flemish boys and we arrived home quite tipsy, but I think I've already told you that.

Well, I'm going to stop, all this week I've had late nights and I'm reeling with sleepiness. So all the best and please send my regards to Mr.v.Weeren as well and tell him I've written to him twice now, but have received nothing in return. Well folks, all the best, when I receive my other parcel, I will write at once. All the best now!

Wim

PS. Quickly adding some more. I've just received my other parcel and everything was right, super, the boiled sweets are great too. Guess what I'm smoking at the moment? It makes you feel dizzy, I just got one from one of the guys who are working near our office. A real treat! (A 'Players' cigarette)

Wim

I've got two lots of those photos so I'll be brave and send them. They are great aren't they? What do you think of us as a band?

P.S. Nog even wat bijschrijven. Ik heb net m'n andere pakketje ontvangen en alles was dik in orde, super, ook die balletjes zijn reuze. Raad eens wat ik op 't ogenblik rook? Je wordt er gewoon duizelig van, ik krijg er net eentje van een die hier staat bij ons kantoor werken. Gewoon een genot!

[illegible]

Die foto's heb ik dubbel gekregen dus ik zal 't er maar op wagen ze op te sturen. Ze zijn goed hè? Hoe vinden jullie ons als band?

Nog een P.S. Jan belt net dat ie ook z'n pakketje heeft ontvangen, ook Carel heeft een kaart gehad voor een pakketje, maar 't pakketje was niet te vinden. Maar 't zal nog wel terecht komen, morgen gaat ie weer kijken. Nou stop ik toch werkelijk, want anders ben ik nog eerder met verlof bij jullie dan die brief. Alleen gaat er volgende week een pakje met 20 sigaretten naar jullie. Een van die pakjes zal ik openmaken en er inplaats van een D. een E. sigaret in stoppen. 't Gaat aangetekend! Nou, hou jullie taai hoor, 'k zal duimen dat die tabak en sig. aankomt!

[illegible]

Die foto's gaan er toch niet in, Jan stuurt ze naar Berlijn en dan zal Rinus ze wel aan een verlofganger mee geven.
Hebben jullie die brief met die pasfoto van mij nog ontvangen?

Die tijd is gelukkig al geweest! →

Hier is nog ons lagerlied toen we nog in dat rotte lager 2 zaten:

Wie z'n vader heeft vermoord, en z'n moeder heeft vergeven,
Die is nog veel te goed, om in lager 2 te leven,
Maar eenmaal komt de tijd, dat we die rotzooi gaan verlaten,
Verrekt zij lager 2
En zijn rotte privaten!

Another PS. Jan has just phoned to say that he has received his parcel, Carel also got a card to say that there was a parcel, but it was nowhere to be found. But I expect it'll turn up he's going again tomorrow. Now I'm really stopping because otherwise I'll be home on leave before this letter. Next week I'm sending a packet of twenty cigarettes to you. I will open one of the packets and instead of German there will be English cigarettes in them. I will send it by registered post! Keep well, I will cross my fingers that the tobacco and the cigarettes arrive.

Wim

I'm not putting the photos in after all. Jan is sending them to Berlin and then Rinus will give them to someone who is going on leave. Did you receive that passport photo of me?
Here is a barracks song from the time that we were still in those rotten barracks number two.

He who has murdered his father, and poisoned his mother,
Is still too good to live in Barracks Two,
But once the time will come, that we are going to leave this rotten mess.
Cursed is Barracks Two
We will turn into model privates.

Fortunately that time has already come!

Hallo Wim,

Hier Amsterdam. Even tijd voor een babbeltje? Daar gaat ie dan. Eerst hartelijk dank voor de verrassing. 't Jonge, jonge, wat een feestdag was het Zondag voor me. 't Was stralend weer en ik had dolgraag willen weekenden maar Pap had er geen zin in. Ja alleen reizen en slapen kost al f5 en dat kan bruintje niet trekken alle weken. Maar ja ik dacht 't is misschien de laatste keer. Enfin Anny was wel mee. Zondagsmiddags zegt Pap, ga mee een eindje om maar ik had er niet veel zin in en wat een geluk dat ik thuisbleef zeg. Even later wordt er gebeld en riep er iemand ik kom uit Auschwitz. Nou ik had hem wel om zijn hals willen vallen. Daar kwamen twee brieven en een pakje uit zijn zak. Hij maakte het pakje open en zei dat ik er meteen maar eentje op moest steken. Potverdikkie wat smaakte me die sigaret! Ik rook tegenwoordig mijn pakje sigaretten voor een half ons belgische shag. Dat is nou wel goed, maar je smaakt weleens naar wat anders. 't Beroerdste is dat wij ook 2 bonnen krijgen voor 14 dagen maar dat je meestal op je 2de bon sigaren moet nemen. Nou zo zwaar rook ik ze nog niet en op die bon krijg ik natuurlijk geen shag. Wat een gemartel he. Nou die brieven wilde ik natuurlijk in zijn bijzijn niet lezen dus vroeg ik hem het een en ander en zat zo'n beetje met je brieven te spelen. Toen viel mijn oog ineens op de envelop en las 50 R.M. Ik vroeg of je geld in de brief had gedaan en hij zei ja. Nou ik direct open maken en ja hoor. Nou jongen, ik kan het

Amsterdam 14.9.43

Hello Wim,

Amsterdam here. Time for a little chat? Then here we go. First of all thank you very much for the surprise. Boy oh boy, what a good day it was for me this Sunday. It was beautiful weather and I really wanted to go away for the weekend, but Pap didn't fancy it. Well you know just the travel and overnight costs are Fl.5 and it is impossible to afford that every week. But you know, I thought it could be the last time. Anyhow Annie had gone with the gang.

On Sunday afternoon Pap said do you fancy a walk round the block? But I didn't feel like it, and what a stroke of luck that I stayed at home. A few moments later the bell rang and someone shouted up I am from Auschwitz! Well I could have hugged him. Then he took two letters and a parcel out of his pocket. He opened the parcel and said that I should light up at once. Oh dear what a fantastic taste that cigarette had! Nowadays I exchange my packet of cigarettes for half an ounce of Belgium rolling tobacco. That is not too bad but sometimes you just crave something else. The worse thing is that we too get two coupons for two weeks, but usually you have to take cigars on your second coupon. Well I don't smoke such heavy tobacco and of course I can't use that coupon for rolling tobacco. What agony! Well of course I didn't want to read your letters in his presence, so I was asking him about some things whilst playing with your letters. Then suddenly my eye alighted on the envelope and I read 50 R.M. I asked if you had put money in that letter and he said yes. Well I opened it and yes it really was there. Well boy, I can really

best gebruiken en dank je hartelijk. Maar Wim, beknibbel
je niet te veel hoor. Zorg er voor dat je zelf ook altijd
wat geld hebt. Je weet nooit wat er gebeuren kan en
met geld doe je veel. Dus denk nou niet ik heb 't beloofd
maar zorg er 't voor je zelf. Deze brief en een pakje met
goed geef ik aan Rinus mee die nu Zondag weer naar
Berlijn vertrekt. Ik had gehoopt Jaap ook een pakje mee
te kunnen geven maar dat gaat niet door want hij z'n zit
niet in Kattowitz. In dit pakje zit: je plusfour (zo gaar
als boter) je regenpijper, bontkapje, snaren, een kilo bruine
suiker en drie filmen. papier hoor. Zo gauw ik bericht
van je heb dat het eerste pakje goed is aangekomen, stuur
ik je wat jam. O ja Wim, er zitten ook nog vier rolletjes
snoep in. Waarde f 1,75 een rolletje. Gaat nogal hè. Ik ben
van de week nog even naar de firma Staal geweest en heb
een heele tijd met je voormalige chef gekletst. Hij hadt goed
nieuws en zal jou ook gauw schrijven. Wat die mr Max
betreft, dat is zo gek nog niet. Zolang er leven is, is er hoop.
Oom Karel heeft een ausweis en kan dus hier blijven. Wel
krijgt hij regelmatig oproepen van de beurs. Dan wordt hij
gekeurd en kan weer gaan. Met Oom Bob en de andere familie
is alles nog O.K. Zeg Wim, wat heerlijk dat je die schoenen
bon krijgt als ze nu je maat maar hebben. Pap heeft z'n
schoenen nu nog niet. Dinsdagavond ben ik bij Jan z'n ouders
geweest en die zaten erg in de put. Eerst had ik daar geen
erg in. Ik vertelde heel enthousiast van die Mr
Koekkoek dat geld en die sigaretten. Ze zetten groote oogen
op en begrepen niet hoe het kwam, dat Jan zo klaagde
Hij hadt zowat niks te roken en zat zo diep in de schuld,

do with that and thank you a lot.

But Wim, don't keep yourself short. Make sure that you always have money for yourself. You never know what's going to happen and you can do a lot with money. So don't think I have promised to send money, first take care of yourself. I will give this letter and a parcel of clothes to Rinus; on Sunday he returns to Berlin. I had hoped to give Jaap a parcel as well, but that didn't work out because he didn't sleep in Kattowitz. In this parcel are your plus fours, worn very thin, your waterproof leggings, fur cap, spare guitar strings and one kilo of brown sugar and three rolls of film! As soon as I hear that the first parcel has arrived ok I will send you some jam. Oh yes, Wim there are also four rolls of boiled sweets. Value Hf.1,75 per roll.

Not too bad hey?

Last week I visited the firm of Staal and spent quite a while talking to your former employer. He had good news and will write to you soon. Regarding that Mr. Max, that's not too bad. As long as there is life there is hope. Uncle Karel has exemption documents and can stay in the country. He regularly receives call ups from the Labour Exchange. They test him and then he can go again. Uncle Bob and the rest of the family are still ok. Say Wim how lovely that you are getting that shoe coupon, I hope they will have your size. Pap has not got his shoes yet.

On Tuesday evening I was at Jan's parents and they were very depressed. At first I hadn't noticed that. I spoke very enthusiastically about Mr. Koekkoek, the money and the cigarettes. They looked very surprised and could not

dat hij zijn horloge moest verkopen. Die jongen hadden ze ook niet getroffen want ze waren uit en van een brief hadden ze nog niets gezien. Ik had spijt dat ik zoveel verteld had maar ik kon toch ook niet weten hoe het met Jan gesteld is, temeer daar hij ook naar huis hadt geschreven van zo spoedig mogelijk geld sturen. Zit de k... soms hierin dat hij veel te goed is en maar weg geeft? Ik vermoed het wel. Ik heb z'n brief gelezen waarin hij schreef over z'n broertje in Berlijn dat die alles kwijt was. Natuurlijk moest hij gauw van zijn armoedje nog wat sturen. Malle Eppy. 't Is toch logisch dat de Duitse instantie daarvoor zorgt. Hoe het precies met Oom Henk z'n broer zat weet ik niet meer maar die hadt een pak dringend noodig. Hij kreeg een briefje mee van z'n baas en kon naar een magazijn gaan en zelf uitzoeken wat hem het beste leek. Dat hij gezocht he[illegible] kan je je wel indenken als ik je nog vertel dat hij daar moederziel alleen was. 't Was wel niet nieuw maar je kunt beter een goed tweede hands hebben. Ik heb van Jan ook een brief ontvangen en zal hem meteen even schrijven dan kan Rinus die ook meenemen. Nou Wim de hartelijke groeten van allen vooral van Opoe, Tante Sien, Oom Bob en Oom Karel en een stevige pakkert van mij. Hou je goed en ik hoop in stilte dat je eerder thuis bent dan met je verlof. Dag jongen, doe Jan en Karel de hartelijke groeten.

understand why Jan was moaning such a lot. He had no money to buy tobacco and was so heavily in debt that he had to sell his watch. They had not seen the boy that I had met, because they were out and they had no sign of a letter. I was sorry that I had told so much, but how was I to know that things were bad for Jan, especially since he had written home asking for money to be sent as soon as possible. Do his problems stem from the fact that he is far too good and gives everything away? I think that's the case. I read his letter about his brother in Berlin who has lost everything. So of course he felt he had to give away what little he had. Silly boy. It is logical that the German state takes care of that. I can't quite remember how things were with the brother of Uncle Henk, but he was in dire need of a suit. He got a note from his boss and could go to the stores and select one that he thought was the best. You can imagine how he searched, especially when I tell you he was there all by himself. It wasn't new, but it is better to have a good second hand one. Jan sent me a letter as well and I will write back straight away so that Rinus can take that one as well.

Well Wim, very best wishes from everyone, especially from Opoe, Aunt Stien, Uncle Bob and Uncle Karel and a big hug from me. Keep well and I quietly hope that you will be home before your leave.

Bye my boy, give my best regards to Jan and Karel.

Dear Wim.
Well Wim I'm glad you're doing so well. I had just been out for a little walk, when the boy from Auschwitz called, but

Beste Wim. Nu Wim ik ben blij dat het je zoo
goed gaat, ik was net even een straatje om. toen de jongen
er was uit antwerpen, maar Moe heeft 't mij daarna allemaal
nog eens verteld, en verder uit je brief vernam ik dan ook
dat jullie zoo af en toe nog al eens een buiten kansje hebben.
Nou daar kan je natuurlijk niets op tegen hebben. 't is maar een
geluk, dat je nog een getaar toen hier op z'n kop heb gelekt.
Ik geloof wel dat het apparaat z'n geld zachtjes aan wel
weer opgebracht heeft. Zeg Wim doe je er de volgende
keer eens een paar sigaren in 't hoeft niet z'oon dure
soort te zijn als 't maar tabak is, dan kan ik ook weer
eens wat roken. Nu Wim Anne wou ook nog wat
schrijven, dat dan stop ik maar weer tot de volgende keer
jongen, en de groeten aan Karel en Jan dag!!!. Papa

Hallo Wim
Hoe gaat het er mee? Hier is alles in orde. We zijn
verleden week nog naar Aalsmeer geweest, maar het was
hopeloos gieten en stormen. We hadden een slag gemaakt,
maar toen ging oom Karel te dicht op de kant over, en
toen zaten we vast. En de wind dreef ons hoe langer hoe
vaster. Toen hebben we de punt gedraaid en zijn terug
gegaan, ~~ze~~ wat trouwens het beste ~~v~~ voor Pap en Mam
was, want die hadden al teveel gehobbelt. Enfin, we
hebben toch nog melk gekregen. Oom Karel zou <u>eventjes</u>
op de fiets gaan, maar hij was ruim een uur kwijt en
dat in dat sofweer. ~~Ik~~ Ik schei er mee uit, want
des er is geen ruimte meer. Je moet de groeten hebben van de
hele familie, en doe jij de groeten aan de jongens. Wim de
groeten, en een fijne pakkert van je Zus dag.

Moe has told me all about it afterwards. From your letter I found out that you have good luck from time to time. Well so much the better. It was a good job that you did manage to find a guitar here before you left. I think that by now you must have made the money back that you spent on it. Say Wim send some cigars next time, they don't have to be expensive ones so long as there is tobacco in them, and then I can have a smoke again as well. Well Wim, Annie wants to write something as well so I'm stopping again.

Till next time my boy, regards to Karel and Jan, bye!!!
Pap.

Hello Wim,
How are you? Everything is ok here. Last week we went to Aalsmeer to do some sailing, but the weather was hopeless, rain and storm. We had just put the boat about when Uncle Karel tacked too close and we ran aground. The wind blew us aground more and more. So we had to turn the stern around and turn back. This was the best thing for Pap and Mam because they had spent enough time bouncing about on the water. Anyhow we did manage to get milk.

Uncle Karel said that he wouldn't be a minute on the bike, but he was away for more than an hour in all that horrible weather.

I'm stopping now because there is no more space. All the family sends their regards and you should give regards to the boys.

Wim, regards and a good hug from your sister, bye.

I

Auschwitz, 27-9-43.

Beste Familie.

Ik zal eens allereerst beginnen, met te schrijven, dat het ons nog steeds goed gaat, want dat is toch het kardinale punt, waar al die schrijvery om draait. En nu ga ik eens eerst een compliment aan Annie geven, voor dat badpak, dat ze voor mij heeft gebreid. Het past me goed en ik dank haar voor de vriendelijke attentie. Ook Uzelf dank ik ten zeerste, dat U de wol verschaft heeft, daar U die spullen niet meer kunt krijgen en ze zelf wel hard genoeg nodig heeft. Maar zo zie je, we zijn hier in dit van God verlaten oord nog niet vergeten en er is toch nog steeds een vriendelijke geest, die langs deze weg ver van ons vandaan (1500 Km) om ons denkt en de herinneringen worden door schrijven enz. nog steeds weer opgehaald. Zo was het ook dan die middag toen ik mijn pakje ontving 23/9'43. Toen ik des avonds de spullen in mijn kast opborg. Toen hield ik een moment het zwembroekje in mijn handen en ik dacht weer eens aan die avonden, dat ik bij U was en er bij mijn binnenkomst druk werd gebreid of gehaakt. en dat er dan een kaartje gelegd werd. Ook blijft die avond nog ƒ vers in 't geheugen dat ik voor het eerst, die kleine jongen op Wim's accordeon hoorde spelen Maar nu moet U niet denken dat ik sentimenteel wordt; integendeel hoor. Er is op 1 October dus aanstaande Vrijdag weer een reünie, maar geen Hollandse, maar een Duitse en ons werd door het D.A.F. gevraagd of we ook een klein gedeelte wilden vullen. Dat wordt betaald in overuren en daar zijn we natuurlijk altijd voor te vinden. U zult reeds van Wim hebben vernomen, dat we op diverse Ausflüge zijn meegeweest. Daar eten we ons namelijk vol voor 4 weken en de andere jongens benijden ons in stilte, want we hebben natuurlijk alle voordelen die je je maar denken kunt en op straat kunnen we geen tien passen doen, of we worden aangehouden en we moeten de of andere hand drukken en met belangstelling wordt er naar

Auschwitz, 27.9.43

Dear Family,

First of all I will start to write that we are still doing ok, that is of course the most important reason for all our writings. I'll start by complimenting Annie on the swimming trunks that she has knitted for me. They are a good fit and I thank her for the kind thought.

Thank you as well for supplying the wool since it is hard to come by and you could have used it for yourselves. But there you are, we have not been forgotten in this God forsaken place and there is still a friendly spirit far away from us (1,500 KM) who thinks about us and through the means of writing, we relive the memories. It was like that the afternoon that I received my parcel, 23.9.43. That night when I tidied my things away in the cupboard and held the swimming trunks in my hands for a moment, I thought about the evenings when I would call and there would be knitting and crochet going on. I also thought about how we used to play cards. Another evening I remember really well was when I heard that little boy playing on Wim's accordion. I don't want you to think that I have become all sentimental, quite the contrary.

This coming Friday the first of October there is going to be another revue, not a Dutch one, but a German one. We have been asked by the D.A.F. to fill part of the program.

II

Men ziet ons namelijk nooit alleen, Altijd met z'n drieen en alleen in de arbeidstijd zijn we niet bij elkaar

onze gezondheidstoestand geinformeerd en wanneer we weer een spelen)
Nu wij voelen ons echt opgestoken hoor en ik zou haast zeggen, dat we
veel te veel praats krijgen. We hebben elke dag weer nieuwe vrienden
onder onze I.G. Farben kameraden en ik zou er mijn hoofd voor willen
onder verwedden, dat de helft van alle mensen, die hier werken, ons kent
Nu dat zijn er wat hoor. Dat loopt in de duizenden. Kom ik ga
Uw brief eens beantwoorden en daar staat boven in Uw brief van dat
vreemde pootje. Nu zonder dat U dat schreef begreep ik al wie mij
eens even de waarheid zou zeggen. Ik zag het aan het briefhoofd.
Hallo Jan, dat kan niemand anders zijn dan U. Nu wat het
betreft, dat ik heb zitten klagen, kwam ten eerste, dat ik verschrikkelijk
werk had. Stel U eens voor, een hele dag van 7½ uur tot 6¾ uur
met een kast met mappen voor je en een stapel Rekeningen en dan
moest je uit die mappen, de bestelbiljetten zoeken bij die rekeningen. Nu
op zichzelf is dat zo erg niet, als je maar eens iets vond. Maar
alles was er in die mappen, behalve wat je juist zocht. Nu
U weet wel, dat ditzelfde werk in Holland gedaan werd, door jongetjes
van 14 of 15 jaar en dat wij al wat beter gewend zijn. Hierdoor werd ik
kregel en hatelijk. Zelfs tegen mijn chef een Rijksduitser en ik heb 'n kijf-
woorden met hem gehad. Eindelijk dan na 2 maand. heb ik een
beetje beter werk gekregen en dat heb ik nu gelukkig nog. Ik heb mijn
horloge niet kwijt kunnen raken en daarom heb ik mijn fototoestel maar
verkocht. over 3 dagen krijg ik weer mijn loon in handen en dan heb
ik nog alleen maar 14 mark schuld te betalen. Ik krijg honderdtwintig
zoveel, min 14 mark dus dan blijf dan ongeveer 106 mark over en
dan heb ik aan het einde van October nog geld over, wat ik dan opsparen
Hoe het komt, dat ik zo krap heb gezeten, weet ik niet, maar
bijna alle Hollanders die hier zijn hebben de eerste 2 maanden dezelfde
ellende gehad. niet als ik en er zijn er zelfs bij, die na 3 maanden

We will be paid as if it is overtime, so we are definitely interested to do this. You will have heard from Wim that we have been on several trips out. On those occasions we eat enough for four weeks and the other boys are really envious because we of course have a lot of privileges as you can imagine. On the street we get stopped and we have to shake hands and people ask how we are and when we are playing again. We are never seen alone, ALWAYS the three of us, only during working hours we are not together. Well we are really proud you know to be so famous for our playing, and we are beginning to feel almost a bit stuck up. Every day we make new friends amongst our I.G.Farben comrades. I am sure that half of the people that work here, know us, and that's a lot of people you know. We're talking thousands.

Well I am going to answer your letter, which starts with strange handwriting. Well even without that I knew who was writing to tell you the truth. I notice the letterhead Hello Jan, that could only be you. Regards my moaning to my parents, it was first of all because I had terrible work. Just imagine, every day from half past seven in the morning till quarter to seven at night I sit with a cupboard full of files and a pile of accounts in front of me. Then out of the files you have to get the orders that match the accounts. Well as a job that's not the end of the world, if you could find some to match. Everything is in the files, except what you are looking for. You know very well that that sort of work in Holland would be done by boys of fourteen or fifteen and we are used to something a bit better. This really made me bitter and twisted. I would often have words with my boss, a German citizen, about it. At last after two and a half months I got something a bit better and I'm still doing that work now.

I couldn't get rid of my watch so I have sold my camera. I'm getting paid again in three days' time, so then I only have to pay a debt of 14M. I get paid about 120M so minus the 14M that leaves me about 106M. So at the end of October I should have some moncy lcft which I will send home. I don't know how it came about that I have been so short of money, but nearly all the other Dutchmen that are here have had the same difficulties in the first two months. There are even some who after three months still have debts. I have no idea how Wim and Carel have managed to avoid this, God knows.

May be I have been more generous when spending money and for the rest I don't know how it happened. It will always remain a mystery to me; you were writing that I am too kind to others and give things away. Well you could be right. But when I'm alone eating or having a smoke and someone else is looking at me whilst he has nothing then I can't ignore him and have to share a little. But I can tell you that I am doing a lot less of that now. I have been deceived several times already and have been blaming myself, thinking how it would be if the roles were reversed and I was the one looking on. But you must not think that I am completely soft, I pay back as good as I get.

Something has happened between the three of us (Wim, Carel and I). I cannot forgive them no matter how hard they try to make it right again. I expect that you will not write back about it to Wim and Carel because that will bring back unpleasant memories again. Well, anyhow I don't really care. It's like this.

One night we were in the canteen and we had had our evening soup and had collected our bread from the distribution centre. Well then Wim and Carel had to go and get their jam. It was just being distributed (once every two weeks). I stayed seated at the table with the bread. I asked another Dutchman who was sitting two tables further away if he would mind looking after the bread and my jam pot and bag, whilst I went to the loo. Well, Wim and Carel had been eating from their bread beforehand so there was no way that they could check that it was still half a loaf. When they came back Carel looked up straight away and asked who had touched his bread. I said as far as I know, nobody. Anyhow they said straight to my face that I had done it. That gave me such a blow inside that I didn't speak to them for two weeks. This incident happened about five weeks ago and I have told them that I don't want to have anything more to do with them. It happened just during the days that the Dutch revue was being organised. I had promised to take part but after the accusation of theft I first withdrew from it. Various other Dutchmen have cleared things up for us, although they never knew why we were cross with one another.

Us three, who in Holland and here have shared all the good and bad things together, and then your friends tell you that you are a bread thief. I really thought that was

III

nog in de schuld zaten en hoe Wim en Carel het hebben klaargespeeld mag
de goede God weten. Misschien ben ik royaler in het uitgeven geweest
en voor de rest weet ik niet hoe het gekomen is en het zal wel voor
altijd een raadsel voor mij blijven, en wat U daar schrijft over, dat ik
te goedgeefs ben, daar kunt U wel eens gelijk aan hebben. Maar als ik nu
alleen zit te eten of te roken en een ander zit naar me te kijken terwijl
hij zelf niets heeft, dan kan ik het niet over mijn hart verkrijgen en dan
geef ik hem ook wat. Ik kan U wel zeggen, dat ik het al aardig afleer
dat geven, want ik ben al verscheidene keren in de boot
genomen en mezelf zitten te verbijten als de rollen eens omgekeerd
waren en ik eens toe moest kijken. Maar ja U moet nu niet denken
dat ik helemaal gek ben, want ik betaal natuurlijk met gelijke munt terug
alleen in het bewust dat je dan op zo'n moment zit. Er heeft zich eens bij
ons (Wim Carel en ik) een kleine schermutseling voorgedaan. Hetgeen ik
ze ook absoluut niet vergeef hoe of ze ook met alle manieren proberen
het goed te maken. Ik verwacht, dat U er niet over terugschrijft aan
Wim of Carel want dat haalt maar nare herinneringen op. Affijn
het kan mij ook eigenlijk niet schelen. Het geval zit zo, we
zaten op een avond in het Casino en we hadden onze avondsoep
gegeten en ons brood gehaald bij de uitgave. Nu toen moesten Carel en
Wim hun jams nog halen. Dat werd namelijk juist uitgegeven (1x in de
2 weken) en dus bleef ik aan tafel achter met het brood en toen
vroeg ik een Hollander (die 2 tafels verder zat) of hij even op wou
passen op het brood en mijn jampot en tas en toen ben ik even
naar de W.C. gegaan. Nu Carel en Wim voor die tijd
van hun brood zitten eten, dus ze konden nooit meer controleren of
het nog een half brood was. Toen ze terugkwamen keek Carel
[illegible] meteen op en vroeg wie er van dat brood had gegeten
ik zei, volgens mij niemand. Affijn ze zeiden me te meteen maar in mijn

the limit and I will never forgive them. So I am glad that I have unburdened my heart - that has really made me feel better. But it's passed now and don't you worry about it, because now our friendship is again as before.

Wanting to tell you all this I have written four sides. I hope that you won't talk about this to my family. They would only worry for no good reason. I have sent a few things to my brother in Berlin, shoes, underwear, a shirt and a few ties, I had to do that for him. Especially since poor Anton had to spend three weeks in hospital with a shrapnel wound, and he doesn't speak a word of German. I think it is terrible you know. But that's passed now and time moves on.

Finally I thank you for the three rolls of film in Wim's parcel and we will try to make some good pictures. I can borrow the camera that I sold, since I sold it to another Dutchman for his private use. Yes, we do let one another read the letters we get. Well I'm going to stop because I've got sixteen more letters to write because Rinus brought many letters back. Well, regards to your husband and especially Annie thank her for knitting the swimming trunks.

Regards to yourself and Jaap, Bob and Karel anyhow you know all the ones I mean.

See you soon in Holland!
Jan Groenenstein

IV

gezicht, dat ik dat gedaan had. en toen heb ik innerlijk zo'n klap gekregen dat ik 2 weken niet tegen ze heb gesproken. Dat gintje is ongeveer 5 weken geleden en ik heb gezegd dat ik niets meer met ze te maken wilde hebben Dat was juist die dagen dat de Hollandse revue op touw gezet werd en ik had ook beloofd om mee te doen. en na die betichting van diefstal heb ik me eerst van die revue teruggetrokken nu diverse Hollanders hebben de zaak tussen ons in het reine gebracht hoewel ze nooit hebben geweten, waarom we eigenlijk kwaad op elkaar waren. Wij die met zijn drieën alles in Holland en ook hier hebben doorstaan en lief en leed met elkaar gedeeld. en dan wordt je voor een brooddief van je eigen vrienden uitgemaakt. Ik vond het werkelijk te bar, maar vergeven, doe ik ze het nooit. Zo ik ben eens blij dat ik mijn hart eens even heb uitgestort en dat doet je werkelijk goed. Maar komt zand erover en trekt U het zich maar helemaal niet aan, want onze verhouding is tussen 2 haakjes weer netzo als voorheen. Ik heb nu haast 4 vellen volgepend en ik hoop, dat U er ook niet bij mij thuis, zal over spreken, dan maken die mensen zich maar weer voor niets ongerust. Nu wat mijn kwestie betreft in Berlijn die heb ik een paar schoenen wat ondergoed een overhemdje en nog een paar dingetjes gedumd, dat kan ik nu eenmaal Achmet laten, vooral omdat het die arme Anton is die dit lot heeft meegemaakt, nog 3 weken in het gasthuis met een schaafwond in 't been toegewijd bij geen woord Duits kent. Ik vind het erg hoor. Maar dat is ook weer voorbij en zo snelt de tijd voorbij. Ten slotte dank ik U ook nog voor de 3 rolfilms in het pakje van Wim en we zullen proberen er iets moois van te maken. Ik mag namelijk het verkochte fotoboekje lezen, daar ik het aan een Hollander voor eigen gebruik verkocht heb. Ja we laten elkaar iedere brief lezen, die we ontvangen. Nu ik eindig eens ik moet nog 16 brieven schrijven want Rinus heeft een stampie meegenomen hoor. Nu de groeten aan Uw man en vooral Annie en veel dank voor de hartelijke attentie

van 't Badpak

en Uzelf en Jaap Bob en Carel affijn U weet wel welke ik allemaal bedoel en we eindigen met onze oude leus en ik zal er niet op pochen maar we krijgen ze wel de Jansens.

Tot spoedig weerziens in Holland! Jan Gravem...

I Berlin 28-9-'43

Beste Wim ik was blij toen
je brief kwam en vernam
dat Harri jullie geschreven
heeft nu dat heb ik aan
Harri gevraagt want je moet
weten dat wij flak bij elkaar gelegen hebben voor
mijn lager verbrand is. Nu
Harrie heeft gehoft dat
hij voor de 23 ste Augustus
uit Berlin vertrokken is
maar waar hij is dat ben
ik vergeten. Wil jij nu zo
goed zijn even te schrijven
waar ik hem heen kan
schreven? Want ik heb hem
beloofd te zullen schrijven.
Nu Harri hebt gelijk Wim hier
zijn ook ~~Ea~~ mooye bioscopen
een varrieteetheaters

II

Nu Wim hoe gaat het met
jullie ik hoop maar goed
hè. Ik hoor tenminste dat
het slecht is. Maar Willem
Kop op hoog en borst
vooruit dat is het beste
wat je doet dat doe ik
ook. Zeg is bij jullie
ook U banen en S. banen
die onder de grond door
zijden schrijf me dat eens
nu dat gaat bij ons ook
hoor, zeg jammer het dat
je gitaar gebroken is hij
speelde zo mooi maar ik
hoop dat hij gemaakt kan
worden hè" Nu Willem de
groeten aan Jan en Karel en
in afwachting van je brief
terug nu okedoki, Wim
in tot wederziens dag Anton

Berlin 28-9-43

Dear Wim

I was glad when your letter arrived and heard that Harri has written to you. I had asked Harri to do that because you must know that Harri and I were billeted close together, before my barracks were burnt. Harri was lucky that he left Berlin before the 23rd of August, but I've forgotten where he is now. Would you be so kind as to let me know where I can write to him? I promised him that I would write. Well Harri is right Wim, there are some good cinemas here and variety theatres. Well Wim how are you all doing. I hope all is well. I hear things are bad. But Wim keep your head up, stick your chest out, that's the best thing to do, I often do that.

Tell me, do you have U rails and S rails that run underground, tell me about that. What a shame that your guitar is broken, it played so well, but I hope you will be able to have it repaired.

Well Wim, regards to Jan and Carel I am waiting for a letter back.

Okie dokie Wim, see you soon,
Bye Anton.

Beste Wim.

Waidmannsheil.
Tobelknegedamm.
Delfz. Noord.
3 October 1943.

Hoe gaat het er nu mee? Nog steeds goed hoop ik. Van de week kreeg ik nog een brief van je ontvangen, geschreven op 9 September, maar afgestempeld op 24 September te Amsterdam. Die had je natuurlijk vergeten te posten hè.

Kunt jullie daar ook nog zo lekker moeien? Taarten enz. Ik betaal hier voor 500 gram wit brood 8 Marks en daar krijg je 16 grote punten op.

Maar toch dat merk ik toch wel dat het oorlog is al is het maar door het luchtalarm 's nachts.

Ik denk ook nog wel aan die tijd in Tonsel met die kapperij. Toen we geen geld meer hadden me Jo weet je nog? Wij zouden gaan fietsen. Ben je nu al beter op dat gebied? Ik nog steeds niet hoor. Even voor ik naar Duitsland vertrok kwam ik Jo op de Dam nog tegen. Die waren we toch

Berlin North
3rd October 1943

Dear Wim,

How are you? Still well I hope. Last week I received a letter from you, written on the 9th of September, but stamped on the 24th of September in Auschwitz. I suppose you had forgotten to post it.

Do you have nice things to eat there? Cakes and such. For 500 gram of white bread I pay here 8M and for that you get 16 points. But even so you can tell the war is on, if only because of the air raid alarm at night.

I often think about the time in Tonsel. We were with Jo and we didn't have any money, do you remember? We were going to do some busking. Are you a bit cheekier about such things now? I still don't dare to do that. Just before I left for Germany I met Jo on the Dam Square. Remember how we had lost touch? She said that she had hoped to spend the holidays with us again in Tonsel. Maybe next year again.

Are you sharing a room with Jan now? I never hear anything of the two of you together. You only write about yourself and Jan is the same. You haven't fallen out have you? I think my guitar playing will fall behind now. First the military duty and now here without a guitar. I go around the town now

geheel uit het oog verloren hè? Ze
zeide dat ze nog wel gehoopt had
met ons de vacantie weer in Son-
sel door te brengen. Misschien volgend jaar weer.
Slaap je nu met Jan op één
kamer? Ik hoor nooit iets van jullie
beiden. Jij schrijft van Jan alleen en
Jan hetzelfde. Jullie hebt toch geen
rommeles?
Met gitaar spelen zal ik wel aardig achter komen op deze manier. Eerst de dienst en nu hier
helemaal geen gitaar.
Ik stroop nu samen met Henk
de stad maar weer af, die ik hier
weer tegen het lijf gelopen ben. Het
is me toch een toestand ook hè.
Wat duurt het anders lang hè die
rommel hier. De hoop om voor
de winter nog retour te gaan
heb ik al opgegeven. Weet je wat je
hier ook super hebt? Orkesten ook
Hollandse, zoals de Ramblers enz.
Super is dat. Ik heb al 2x een nieuw
ethuis en 1x een nieuwe bios moeten
zoeken omdat hij inelkaar gemaakt
was. Het beste hoor! Doe thuis weer de groeten [illegible]

together with Henk, I bumped into him again here. What a state of affairs it is, isn't it? All this mess here is taking a long time. I've abandoned the hope of returning before the winter. You know what is super here? The orchestras, also Dutch ones such as the Rambles etc. That is super. Twice I've had to look for a new restaurant and once for a new cinema because they had been destroyed.

All the best, give my regards to those at home.

Bonjour.

Anton.

Auschwitz, 4 Oct. '43.

Beste Allemaal,

'k Heb jullie brief van Sept. ontvangen, waarin jullie schreven over dat stormweekend waarbij jullie zo ziek geweest zijn. (Nee, jij niet Annie, zat maar!) Nou, 't is wel een gekke volgorde hè? Eerst krijg ik een brief van jullie die door Rinus meegenomen was, en waar Annie in schrijft: „Verleden week hebben we geweekend en Lof en Mams zijn zo misselijk geweest," enz. En nu krijg ik een brief, ~~waarin~~ die geschreven is vlak na 't weekend. Maar enfin, dat is ook logisch, want snel gaat de post nog steeds niet.

Er is vandaag een pakketje naar jullie toegegaan voor Mama, en wel via Frans, Carel zijn broer. Die zit in Berlijn zoals jullie weten en heeft daar plenty gelegenheid om 't aan een Verlofganger mee te geven, want de post lijkt me veel te gevaarlijk. Kijkt u uit Mama als u 't open maakt, want er zitten 3 bijzondere sigaretten in, u weet denk ik wel waar ze vandaan komen. Rook ze met smaak en bedenk, dat de 3 peukjes ook weer een sigaret zijn, waar ze nog wel om zullen vechten.

Ik vind 't erg beroerd, dat ik jullie niets anders kan sturen dan rook-rommel, maar boter of brood kan ik jullie toch niet sturen, want ik denk zo, dat 't of bedorven of helemaal niet aankomt. Maar volgende maand stuur ik weer money en wees dan s.v.p. niet zo slim, om 't te sparen of zo, maar koop er wat te bikken voor. Sparen is hier iets, dat de grootste idioot nog niet doet. 't Behangselpapier is na de oorlog veel goedkoper.

We zitten op 't ogenblik met z'n drieën bij Jan op kantoor te schrijven en hebben ieder een berg van 53 foto's van ons liggen. En niet van die gewone, maar op grootte van een briefkaart gewoon super. Dat komt n.l. zo: 'k heb jullie in m'n vorige brief geschreven over die Hollandse revue, en dat daar zo'n mooie foto van ons genomen is. Nou, en we zijn de laatste weken een paar keer met Ausflügen mee

Auschwitz, 4th October '43

Dear All,

I have received your letter of September in which you wrote about that stormy weekend, when you were seasick (No, not you Annie, be quiet). Well that is a strange order isn't it? First I got a letter from you that Rinus had brought along, in which Annie wrote:

'Last week we were away for the weekend and Pap and Mam were seasick,' etc. and now I get a letter written just before that weekend. But anyway, that is logical, because the mail is still very slow. Today a parcel is on its way for Mam, via Frans, Carel's brother. As you know he is in Berlin and has plenty of opportunity there to give it to someone who is going on leave, that seems much safer that sending it through the mail. Look out when you open it Mama, because there are three special cigarettes in it, I think you know where they've come from. Smoke them with pleasure, and remember that the three butt ends are another cigarette over which you might fight. I'm really upset that I can't send you anything other than tobacco, but butter or bread would either arrive spoiled or not at all. But next month I will send money again, and please don't save it, but use it to buy something to eat. Saving is something that even the biggest idiot here does not do. After the war it will be worth as little as wallpaper.

om te spelen en dan moest die fotograaf ('t is een Vlaming, en 'n heel fijn) ook mee om foto's te maken. Nou, we zijn dikke vrienden met 'm geworden en hij zorgt ervoor, dat we brood, en spek enz. krijgen, en gisteren zijn we met 'm naar de Beskiden geweest, Zaterdag middag weg, en Zondag-avond om 11 uur terug. Hij had natuurlijk zijn fototoestel bij zich en 't resultaat ligt nu voor ons. Die foto's zijn werkelijk enig, maar ik wil ze niet opsturen, want 't is veel te zonde als er eentje wegraakt.
Over foto's gesproken, ik heb 2 foto's naar Kiens in België gestuurd, die ook verder transport zou zorgen. Hebben jullie ze al gehad?
De proviand, die we Zaterdag mee naar de bergen hebben gesleept, was werkelijk niet mooi meer, hoor maar: een wit brood van 1000 gr. een bus vlees (varken) van ± een pond, een pond boter, en 2 broden à 1000 gr. en dan hadden we natuurlijk onze rechtmatige portie aan bonen voor 2 dagen bij ons, en 't voornaamste: 1 flesje van ½ liter. Onze extrapicnic was gewoon niet mooi meer.
Buiten dit weekend gaat alles hier zijn gewone gangetje. Mijn werk is gelukkig wat verminderd, en als ik een beetje zuinig ben, hoef ik me ten minste niet meer te vervelen. We zitten op 't ogenblik nog steeds in lager 1, met 12 man op een kamer, en dat gaat best, vergeleken met 'n vorige lager is 't gezegend een hemel, terwijl we binnenkort wel naar lager 8 zullen verhuizen waar we dan 8-persoons kamers krijgen.
Verleden Vrijdag hebben we even ons programma afgedraaid voor een Duitse variété avond, die heffers hebben onze Holl. show gezien, en willen nu natuurlijk ook eens wat laten zien. Nou, we hebben ons programma afgewerkt en zijn toen naar de rest gaan zitten kijken. 't Gevolg is geweest dat we nu nog pijn in ons buik van 't lachen hebben, want een grotere rommelzooi heb ik nog nooit meegemaakt. 't Was allemaal even miserabel en ellendig, en 't hele zaakje is dan ook een week uitgesteld. Maar al stellen ze 't een 'n jaar uit, 't wordt toch niks

daar moet je niet die ritzwommen hier voor hebben.
Nog een goed nieuwtje: ~~[illegible]~~ Ik krijg gummi laarzen. 't Heeft hier
de laatste dagen voor Pasen en Zondag zeer geregend, en 't fabrieks-
terrein was een ware modderpoel. We gingen er met zijn 5en door
tussen de middag om te eten, en toen we terugkwamen was
één blik op onze schoenen voor mijn chef voldoende om meteen
gummilaarzen aan te laten schaffen. Er is hier ook letterlijk
alles te organiseren.
Hoe gaat 't overigens in Mokum? Nog straf gehad met vreugde kunnen
zijn of zo? Hé, ik moet er gewoon niet aan denken, dat ik weer eens
de Lijnbaansgracht naar huis af zal lopen. Jan heeft in zijn pakketje
een gijsere plaat gehad van 't IJ en de St. Nicolaaskerk, die hangt
nu boven onze bedden, en voor ik ga slapen bekijk ik dat altijd
nog even, en dan vind ik 't hier meteen weer een vuile rotbende.
Maar enfin, op mijn weken lijstje dat ik op mijn kast geprikt heb, zitten
nog maar 13 weken voor we met verlof gaan, dus we schieten al
gaandeweg in ~~de~~ de richting en zijn al over de helft.
Hoe is dat eigenlijk met dat colbertjasje gegaan, dat Mams nog voor me
zou halen bij de Bonneterie is dat nog in orde gekomen? Zeg Annie,
ik geloof, dat ik toch nog gelijk krijg met die zeilboot van jou, dat
wordt beslist een ijszeiler. Pipa, die tabak van u vertrekt denkelijk
volgende week, en die zult u dus met een week na Mams d'r sigaretten ontvangen.
Nou, nu ik stop, want 't is al bij tienen en de werkschutz komt die
met de barak afsluiten. De groeten dus aan allemaal en hou jullie
taai.

de mazzel Wim.

P.S. Van die sigaretten
heb ik een puntje af moeten
snijden want ze waren te lang. Ende hé?

At the moment the three of us are in Jan's office writing, we each have a mountain of fifty three photos in front of us. Not just ordinary size but postcard size, absolutely super. This is because I told you about the Dutch revue in my previous letter and a beautiful photo was taken of us. Well, for the last few weeks we've been on trips with the personnel here to play the guitar for them. They also ask the Fleming, Jeff who is a photographer, to come with them. Well we've become good friends with him and he makes sure that we get plenty of bread and bacon.

Yesterday we went with him to Besliden. We left on Saturday afternoon and returned Sunday evening at eleven o'clock. Of course he had his camera with him and the resulting photos are now lying in front of us. The results are truly fantastic, but I don't want to send them in case they get lost, which would be awful.

Speaking of photos I've sent two to Rinus in Berlin, he will take care of the rest of the transport of them. Have you received them yet? The food that we took with us into the mountains on Saturday was unbelievable: a white loaf of 1000 grams, a piece of raw meat weighing about one pound, a pound of butter, and two loaves of 1000 grams. Of course we also had our two coupons for two days on top of that and the most important thing: a two litre bottle of wine. Our eating capacity was unbelievable.

Apart from that weekend, time passes by ordinarily. Fortunately my work has changed a bit, and if I work a bit economically, I don't need to be bored. At the moment we are still in Barracks 1, with twelve men to a room, and that is do able, and compared to our previous barrack, this is heaven. Soon we will be moving to Barracks 8 where the rooms are eight men to a room. Last Friday we performed our program for a German variety evening, those twits have seen our Dutch revue and now of course they too want to show what they can do. Well we did our part of the program and then sat down to see what they were doing. As a consequence our stomachs are still aching from laughing because I've never before seen such a lot of rubbish. It was all terribly miserable and painful, and they had to postpone their performance by a week. But even if they postpone it for a week, it'll still be rubbish, they've no idea.

Now some good news. I've got gumboots. The last few days before Saturday and Sunday we have had terrible rain here, turning the factory terrain into a mud bath. We had to cross the terrain at midday for lunch, there were five of us, and when we came back our boss took one look at our shoes and ordered gum boots at once. It is possible to organize anything here.

How are things going in Mokum? Have you got punished for not being in on time or some such thing? You know, I can't bear to think about walking along the Lijnbaans Canal on my way home. In Jan's parcel was a super print of the IJ (harbour basin in Amsterdam) and the Saint Nicolas Church, it hangs over our beds. Before I go to bed I have a look at it and then at once I think of what a terrible, dirty mess it is here. But anyway, on the list that I have pinned on my cupboard there are only thirteen weeks left before we go on leave.

So we're making progress and are already over half way.

What happened to that jacket from the Bonneterie that Mams was going to collect for me, did that happen ok? Say Annie, I think I will be proved right, regards your boat, it will become an ice sailing boat. Papa, your tobacco will probably leave next week, so you should get that a week after Mams' cigarettes.

Well folks, I'm stopping, it's nearly ten o'clock and in a moment they are coming to lock the barracks for the night.

Regards to everyone and keep strong.

All the best,

Wim

PS. I had to cut the tops of those three cigarettes because they were too long. Such a shame, wasn't it?

Amsterdam, Sunday 17th October '43

Hello Wim,

Amsterdam here. Can I make a connection with you? In that case I would like to tell you a few things again. I have received your letter dated 20th September this week. In response to that letter I've sent you another parcel on the 15th October with the following content: a tin of jam, five rolls of liquorice, a bag of Vicks cough sweets, a tin of brown shoe polish, a tin of leather grease (for your new shoes, apply thinly) and a bag of brown sugar. I'm hoping there will be less pinching out of this parcel than there was out of the first parcel. You also asked if I had received your photo yet, I wrote to you that I had got it some time ago; but I suspect that not all letters have arrived at their destination. Doesn't it take a long time before a parcel arrives! Three weeks! It takes as long as a letter! Was the cake still edible? I don't understand why it was so wet. There was also a bag of lovely boiled sweets in that parcel. You know those big ones. It was at least a pound in weight. What a shame! Things like that make you think twice about sending a parcel. Anyhow if you have received the letter that I sent you at the same time, you will be able to work out what is missing. I can't remember exactly but there was more than one roll of liquorice in that parcel, you know!

Say, you are doing really well with your guitar playing over there. But what did I hear from Jan's mother,

Zondag 17 Oct '43.

Hallo Wim,

Hier Amsterdam. Kan ik verbinding met je krijgen? Dan wilde ik je weer het een en ander vertellen. Je brief van 20 Sep. heb ik deze week ontvangen en in antwoord daarop heb ik je 15 Oct weer een pakje gestuurd met de volgende inhoud een blik jam, 5 rollen drop, een zakje vicks en doosje bruine schoencreme een doos ledervet (voor je nieuwe schoenen dun insmeren) en een zak bruine suiker. In de hoop dat daar niet zoveel uitgepikt wordt, als uit het eerste pakje. Je vroeg ook of ik dat fotootje ontvangen had dat had ik je allang geschreven maar ik vermoed dat alle brieven lang niet op hun bestemming komen. Wat duurt het lang hè, voor je zo'n pakje ontvangt. Drie weken! 't Is net zo lang als een brief! Was het cakeje nog te eten? Ik begrijp niet dat het zo nat was. Er zat ook een zak heerlijke zuurtjes in, je weet wel van die grote. 't Was wel een pond. Zonde hè. Zo zou je er voor terug schrikken je wat te sturen. Enfin als je die brief ontvangen hebt die ik gelijk gestuurd heb, zul je wel kunnen nagaan wat je mist. Ik weet het niet zo precies meer maar er zat ook meer als een rol drop in hoor! Zeg jullie maken daar heel wat opgang met jullie gitaren. Maar wat hoorde ik van Jan en Moeder. Waren jullie van plan verder te trekken? Beginnen jullie daar alsjeblieft niet aan. In normale tijd zou dat wat anders zijn maar nu zijn we blij dat we weten dat jullie betrekkelijk veilig zit. Ik ben nu soms al zo onrustig en dan zou ik niet weten waar jullie

zijn. Als ik van je droom zie ik je altijd even treurig. Nee
Wim, blijf alsjeblieft voorlopig maar waar je bent. Jij
hebt er wel niets over geschreven, dus neem ik aan dat
het niet doorgaat. Wat een sof dat je die foto's niet in
de brief hebt gesloten. Wij zijn er dol nieuwsgierig naar!
Ik hoop maar dat er gauw een met verlof komt. De foto's
die Mr Koekoek me liet zien waren ook zo schitterend
Die zal nu ook wel weer in D zitten want hij was
van plan zich de volgende dag weer op te geven. Nog iets
van Harry gehoord? En hoe gaat het daar met de kou.
Hier brandt de kachel al hoor en staat de erwtensoep
te koken. Is het eten bij jullie nog steeds in orde. Lijdt je
niet te veel honger, want o, o, je bent onverzadigbaar.
Zeg, ik vlas al op die E cigaret. Ik rook nu nog van
je D. Is dat niet zuinig. Als ik erge trek in wat anders
heb, steek ik er een op of als ik heelemaal rust ben. Ik
ben er wel op vooruit gegaan he, ik ruil mijn pakje cigar
retten voor een pakje shag zodat het me alleen maar de
cigaretten kost. Bruintje zou het anders ook niet kunnen
trekken. Zoals je ziet veel nieuws heb ik je niet te
schrijven wat er nog is, laat ik aan Jap en Anny
over, anders mopperen die weer. Nou jongen, doe de
hartelijke groeten aan Jan en Karel, jij krijgt de
hartelijke groeten van de heele familie ook van Jan zijn
thuis en een fijne pakkert van mij. Nou jongen, ik hoop
dat ik je weer gauw hier mag zien en hou je tot zolang
maar taai hoor! Dag jongen! Tot kijk!

Mams.

are you thinking of moving on? Please don't do that. During normal circumstances that would be something different, but now we are happy that you are in a relatively safe environment. Already I'm very anxious at times and then I would not know where you are.

When I dream about you, you are always looking sad. No Wim, plcase stay where you arc for the moment. You have not written anything about these plans, so I assume it's not going to happen. What a shame that you felt you couldn't send those photos. We would love to see them!

I hope that someone is coming here on leave soon. The photos that Mr. Koekoek showed me were splendid! I assume that he too is back in Germany, because he was going to give himself up the next day. Have you heard anything from Harry? How are you coping with the cold? The stove is already burning here and the pea soup is on the boil. Is the food still ok for you? Are the rations sufficient; we all know that you can eat a lot! Hey, I'm already really looking forward to those English cigarettes! At the moment I'm still smoking your German ones. Haven't I made them last a long time? Whenever I feel like a change from the rolling tobacco I light one up, or when I've completely run out. Things have advanced quite a bit. I exchange my packet of cigarettes for a packet of rolling tobacco so that it only costs me a packet of cigarettes. Otherwise I would not be able to manage.
As you can see I haven't got a great deal of news to tell

you. Any news that there is I leave for Pap and Annie to tell you, otherwise they will moan that I have told you everything.

Well my boy, give my best regards to Jan and Karel. All the family sends you all the best, also all the best from Jan's mother and a big hug from me.

Well my boy I hope to see you back here again soon, and in the meantime take great care! Bye my boy! See you soon!

Mams

Dear Wim
So from your letter I hear that things are still alright with you. You have received the parcels. Nice isn't it when you have some sweets again and a little trip out as well to collect your parcel. It is a shame that it didn't arrive complete, because there was quite a bit taken out of it, still it can't be helped. You did get something and maybe the next parcel will be complete.

Well Wim, last week I got a pair of shoes with my coupon. I have had to wait exactly a year for them, but they are beautiful shoes and cost Hf.15, if things had stayed as they were, I would have got two pairs for that price. But you feel grateful that you have got a pair and you don't ask about the money. We need Hf.100 each week to buy everything, but instead you make do with

Beste Wim

Zoo uit je brief vernam ik dat het je nog steeds goed gaat. en je de pakjes hebt ontvangen. Lekker he als je zoo weer eens wat hebt te snoepen, en meteen een mooi uit stapje om je pakje op te halen. 't Is alleen jammer dat het zoo slecht aankomt, want er was aardig wat uitgepikt [illegible] maar ja daar is niets aan te doen, je hebt toch nog iets gehad, en misschien komt het volgende pakje in z'n geheel aan. Nu Wim ik heb verleden week een paar nieuwe schoenen op m'n bon gehad, ik heb er precies een jaar op gewacht, maar 't zijn dan ook een paar prachtschoenen f 15, alles zou bij 't oude blijven, dan had ik daar 2 paar moeten hebben, alleen je bent al blij dat je een paar hebt, en naar geld vraag je maar niet meer. We moeten 't minstens wel f 100 in de week verdienen om alles te kunnen koopen. maar je doet het zooveel m[illegible]lijk maar met 't ouwe boeltje, daar is niets aan te doen [illegible] eten is de hoofdzaak en daar gaat al 't geld z'on beetje aan [illegible]. We willen maar hopen dat 't grootste gedeelte van de zeven magere jaren om is. Zeg Wim verleden week Zondag zijn we naar m'n Zuster geweest en hebben er een heel prettige middag gehad, tot 10 uur 's avonds zijn we er gebleven, ze is ook nu een paar keer bij ons geweest, en vond dat we hier mooi wonen op de Bloemgracht, dus de relaties kommen al een beetje beter. Nu Wim meer nieuws weet ik niet, of laat ik het maar zoo zeggen, Annie komt ook nog even met je praten, dus 't beste. en hou je goed. tot spoedig weerziens, dag!!!

Pap

what you've got, there's nothing to be done about that. Food is our priority and most of the money goes on that. We are hoping that the majority of the seven lean years is now over.

Say Wim, last Sunday we went to visit my sister, we spent a very pleasant afternoon there and stayed till ten o'clock at night. She's been to visit us as well a few times and thought that we live very nicely here on the Bloemgracht (Flower Canal). So our relationship is improving.
Well Wim, I don't have any more news and Annie is also coming to have a word with you.
So all the best, keep well, till very soon, Bye!!

Pap

Hallo Wim
I hope you can read this side of the paper, because Pap's writing is very thick so that it comes through to the other side of the paper. I'm studying to become a chiropodist. Monday nights between seven and nine. The course takes six months and costs Hf.95.After that I might extend the study by another four months to become an orthopaedist. At the moment I still take evening lessons but in a while I'm going to do practical training. That will be Mondays from 3.30 till 5.30. I will need instruments worth Hfl.40, that's a lot isn't it? I will need to have my own instruments when I start to work. So that won't be easy but I do have to have them. Fortunately it's my birthday soon, so maybe I can get

Hallo Wim

Ik hoop dat je mijn kantje goed kan lezen, want Pap
heeft [illegible] geschreven dat het [illegible] doorgestuurd [illegible]
Ik ben voor pedicure aan het leren. 's Maandags-
avond tussen 7 en 9. De cursus duurt 6 maanden en kost
f 95. Daarna ga ik misschien nog 4 maanden bij [illegible]
voor orthopediste dat is voetkundige. Voorlopig heb ik nog
avondlessen maar over een tijdje krijg ik praktijk dat [illegible] dan
's maandags van 3.30 tot 5.30. Ik heb dan voor een [illegible] gulden
instrumenten nodig, dat valt niet mee he! Maar als ik ga
werken dan heb ik mijn eigen instrumenten nodig. Dus dat
valt nu wel niet mee, maar hebben moet ik ze toch. Ik ben
[illegible] jarig misschien krijg ik [illegible] geld bij
[illegible] [illegible] je [illegible] Mam [illegible] is [illegible]
me geweest. Ik heb een gouden horloge van haar gekregen, maar
[illegible] een [illegible] aan [illegible] Ik heb [illegible] een
witte jas van haar gekregen, die kan ik fijn gebruiken als ik
praktijk krijg. Maar nou schei ik eens uit over mezelf. Oom
Bob en oom Kees hebben [illegible]
getimmerd. Met November gaat hij van je kamer af, en dan
zullen we je kamer weer fijn in orde maken, dan is hij netjes
als je thuis komt. Fijn he, dat je die schoenen gekregen hebt,
ik hoop dat dat leervet goed is. Toen we toe in je brief
lazen van die foto's die je op zou sturen dachten we eerst
al dat ze foetsie waren. Want in die brief hadden we
niets gevonden, maar gelukkig was er niets aan de hand. Ik
hoop maar dat we ze gauw krijgen, want die foto's van Mr.
Koelink heb ik niet gezien, omdat ik toen was zeilen. Nou Wim
ik schei er eens mee uit, want m'n blaadje is vol. Hou je taai
en doe de groeten aan de jongens. Dag een fijne pakkert van

Annie.

some money together.

What do you think about Aunt Wim, she has been really good to me.

She has given me a gold watch that has just got a minor thing wrong with it. She has also given me a white coat, which will come in very handy when I start my practical lessons. But that's enough about me. Uncle Bob and Uncle Karel have been working hard on the boat. In November the boat will come out of your room and we will re arrange your room so that everything will be nice again for when you come home. Great that you got those shoes. I hope that the leather polish is good. When we first read in your letter about the photos that you were going to send we thought that they had been lost. We hadn't found anything in that letter; but fortunately nothing was wrong. I hope we will get them soon, because I didn't see the photos of Mr. Koekoek; I was out sailing when he called.

Well Wim, I'm going to stop because the page is full. Keep well and give my regards to the boys. Bye, a big hug from

Annie

3917/7

G. Huisken
Romb.Hogerbeetsstr 25'
Amsterdam-West

Amsterdam, 22 October 1943

Den Weled.Geb. Heer W. Nauta
(Vertegenwoordiger van buitenl.huizen)
Auswitz. 3 O.S. Binnenbantammerstraat 3 hoog achter

Beste Wim,

In Amsterdam gaat alles z'n gewone gang, ik meen zooals je weggegaan bent is het nu nog, we komen nog steeds byelkaar om ons te werpen op het edele jokerspel.

We missen natuurlyk op zulke avonden de muzikale begeleiding van de guitaarvirtuoos Willy Nauta, jou wel bekend, hoewel de verschillende nummers uit het repertoire nog steeds worden aangeheven o.a. van die ooievaar, dewelke de darmen uit z'n reedje getrapt werden, van die buitenbanden enz. enz. Dus je merkt wel, we zyn je niet vergeten.

De verschillende brieven van je, heb ik met de meeste interesse gelezen en daaruit geconstateerd dat het je niet zoo slecht ging, bhoudens de natte voeten en watervlooien, en de verpeste atmosfeer, by de-welke je genoodzaakt was je uit de kamer te verwyderen, om je in de buitenlucht te begeven, je neertevlyen op een grasperkje, om je weer aan je nachtrust te kunnen wyden.

Je hebt ook met Jan een band gevormd, waarmee je vanzelfsprekend op je tournee's een geweldig succes mocht hebben, hou de naam Nauta ver over de grens hoog: Leve het jammerhout. Kryg je nog weleens een piraatje.

By je thuis vinden geweldige voorbereidingen plaats, er word namelyk by je terugkomst in Mokum een reuze feest georganiseerd. De kelders staan reeds propvol met diverse likeuren, Duitse- Spaanse- Franse wynen, Haarlemmer olie, levertraan, spiritus, bietennat en andere spirutualien.

De koks die gearrangeerd zyn, hebben reeds de beste meelmengsels samengesteld, om het fynste gebak en koek veurelkander te ploien.

Het diner zal beginnen met asjee, opdat de diverse gevolgen daarvan tot de stemming zullen bydragen.

We krygen ook een reuze orkest dien avond met boemketel, uit Purmerend. Tussen twee haakjes, je mag het niet weten, maar je wordt van het station gehaald door de postharmonie. Schryf maar niet aan je moeder dat ik het verraden heb.

Wim houdt je maar haaks, zorg voor een goed humeur, dan gaat het vanzelf, nog een poepie dagen.

De hartelyke groeten van Cor en myn dochter Lidy, waarvan je al gehoord hebt, die toevallig op jou verjaardag geboren is, ze groeit uitstekend en is een lollige meid.

Wim welkom in Mokum de groeten ook aan Jan, tot ziens lui, tot op de kaap

oncle gérard

Amsterdam, 22nd October 1943

G.Huisken
Romb.Hogerbeetsstr.25'
Amsterdam-West

Mr.W. Nauta esquire
(Representative of foreign houses)
Auschwitz 3 O.S. Binnenbantammer straat third floor at the back.

Dear Wim,

Everything is still the same as when you left, meaning we still meet up to play cards. Of course, during that time we do miss the musical accompaniment of guitar genius Willy Nauta, whom I'm sure you know.

However, we do still sing a lot of the songs from the collection, such as the one about the stork and the wheels on the bike etc. So you see, we have not forgotten you.

From your various letters that I have read, I understand that you're not doing too badly, apart from the wet feet, water fleas and the horrible atmosphere. Especially the time when it was so bad that you had to leave the room and go outside in the fresh air and sleep on the grass.

It seems that you have set up a band with Jan, with which you, quite naturally, are very successful; keep the name of Nauta high over the border. Long live the guitar.

Big preparations are taking place at your house, for when you return to Mokum, a big party is planned. The cellars are already full with various bottles of liquor, German, Spanish and French wines, oil from Harlem, cod liver oil, white spirit and many more spirits. The chefs who are standing by, they have already arranged the very best flour mixes, to bake the best cakes and biscuits.

To start with we'll have onion soup, because the consequences of that will enhance the atmosphere. Also that same night there will be a fantastic orchestra, complete with big drum, from Purmerend.

By the way, you're not supposed to know this, but you will be collected from the station by a brass band. Don't write to your Mother to say that I've told you all this!

Wim keep yourself well, be sure to be in a good mood, then it will be alright, only some more days.

Very best wishes from Cor and my daughter Lidy, who, as you no doubt know, was born on your birthday. She's growing well and is good fun.

Wim, welcome when you return to Mokum, regards also to Jan, see you folks, and see you soon.

Uncle Gerard

24 Oct '43.

Hallo Wim,

Hier Amsterdam. Doe je ogen even dicht, en denk dat je hier bij me zit in de huiskamer. Ben je er? Goed dan kom ik dicht bij je zitten even gezellig babbelen. Gisteren je brief van 4 Oct ontvangen. God jongen, het doet me altijd zo goed, als ik weer wat van je hoor. Wat heerlijk van die laarzen. Mag je ze houden? Oom Bob zegt in Fr. kregen zij ze ook, maar te leen. Enfin je hebt ze voorlopig en kunt zo mooi je schoenen wat sparen. Nee vroeger binnen zijn is hier niet meer voorgekomen. We zijn blijkbaar nogal zoet alleen zijn er hier verscheidene n.s.b'ers vermoord zodat de rest nu bewapend wordt. Wat je colbertjasje betreft, ik heb je uitvoerig daarover geschreven maar misschien is die brief zoekgeraakt. Ik wachtte maar hè, maar al wat kwam, geen jasje, tot ik het heldere ogenblik kreeg er eens heen te gaan en 't lag al kant en klaar maar thuisbezorgd word er niet meer. Nou ik heb de onkosten, ik geloof f 4.50. betaald, en heb het nu thuis. In orde? Als je er nu maar niet uitgegroeid bent in die tijd want wat je schrijft over spek stukken vlees en ponden boter (of het maar niks is hoe ziet spek er eigenlijk uit) jonge, jonge, daar zul je niet minder van worden. Heb je je al eens laten wegen? Ik geloof beslist dat als je thuis bent, je weer op een holletje terug gaat. Want hier is schraalhans nog steeds keukenmeester hoor! Maar we zijn druk bezig van ons rantsoentje nog wat opzij te houden, zodat het je niet al te kaal lijkt. Alleen hebben we nu een sof met de suiker. Die hebben we

Amsterdam, 24th Oct.'43

Hello Wim,

Amsterdam here. Close your eyes for a moment and imagine that you are sitting here with me in the living room. Are you there? Good, I'm coming to sit close to you to have a cosy chat.

Yesterday I received your letter of the 4th October. God boy, it makes me feel so good, each time I hear from you. That's great about the boots. Are you allowed to keep them? Uncle Bob said that they got boots too, in the army, but they were only on loan. Anyhow you've got them for now, it will save your shoes. No there have been no further curfews. It seems we are well behaved enough, only several N.S.B. members have been murdered, so the rest of them are now armed. (Nederlandse Socialistise Bond, collaborators).

About your jacket, I've written to you in detail about that, but maybe that letter got lost. I waited and waited but nothing came. In the end I thought I will go and see what has happened to it. It was there, ready in the shop, neatly parcelled up, waiting. They don't deliver any more. Well I paid the charge, I think Hf.4.50, and now it is here at home. Alright? I hope that you won't have grown out of it in the meantime.

You write about bacon, pieces of meat and pounds of butter as if it's nothing. What does bacon look like? Boy oh boy, you might put on weight. Have you weighted yourself? I'm sure you will lose the weight quickly once you're home again. Here

24 Oct '43
387/2112

dit keer niet gehad. Het bericht heb ik voor het laatst
bewaard. Wij hebben ons radiotoestel moeten inleveren.
Vindt je het niet verschrikkelijk. Daar heb ik maanden
lang krom voor moeten liggen om dat te betalen. Je
kunt je dus wel voorstellen wat dat voor ons geweest
is. Als je het niet inleverde werdt je heele boeltje in
~~bel~~ beslag genomen en wat moet je dan beginnen. Als je
nu nog maar als tegenprestatie distributie kreeg, maar
niets van dat alles. Zodat er hier een doodelijke stilte
heerscht. Ja jongen deze oorlog zullen we niet gauw vergeten
en God weet hoelang het zal duren voor we weer een beetje
in onze bulletjes zitten. Als je mijn lakens ziet, daar huil
je bij. 't Is meer lap als laken. Aan nieuwe is niet te
komen of ik zou weer opnieuw moeten trouwen en daar
begin ik maar niet aan. En zo is het met veel dingen. Alles
slijt, en vernieuwen is nog grootere rotzooi. Enfin, aan alles
komt een eind, ook aan dit. ~~Nu~~. Nu nog wat dat geld
betreft. Maak je daar maar geen zorg over hoor! Het eerste
gebruik ik voor jou, dat vertel ik je niet, dat blijft een verrassing
Wat je nog meer stuurt, zal ik wel hard noodig hebben
voor je zus. Zoals ze je al heeft geschreven, leert ze voor
pedicure. (Een oogenblik ze zijn aan het schieten en ik hoor zo'n
gebrom, ik moet eens even kijken! Hier ben ik weer. Ja hoor
ik telde 15 vliegtuigen maar nu vliegen de D jagers alweer
dus dan is het alarm gauw afgeloopen.) Anny moet per m
f 15 lesgeld betalen en al heel gauw f 40 voor instrumen
ten voor praktijklessen. Je ziet dus dat ik heus wel raad
weet met je geld. De cigaretten heb ik nog niet ont
vangen. Wil je wel geloven dat ik nou al zit te snakken

we have very little to eat. But still we are busy saving some coupons, so that it won't be too sparse when you return. The thing we're struggling with is sugar. We didn't get any this time. The worst news I've kept till last. We've had to hand in our radio. Isn't that dreadful? For months I've struggled to be able to pay for that. So you can imagine what a terrible blow this has been for us. If you don't hand it in, they confiscate all your goods, and then what could you do? There isn't even a central broadcast anywhere so that there is deadly silence here.

Yes boy, we won't forget this war in a hurry and God knows how long it will take before we have some things again. If you could see my bed sheets, you would cry. They're made up of patches. There is no chance of getting new ones, unless I were to marry again, and I have no intention of doing that. Many things are like this. Everything wears out, and when repaired it looks a right mess! Anyhow, everything passes, this will pass also. Regarding the money that you sent. Don't worry about that! The first lot I used for you, I can't tell you now, and it's a surprise. Anything else you sent, I badly need for your sister. As she has already told you, she is studying to become a chiropodist.

(Just a moment, I can hear shots and droning, I'm going to have a look! Am back again. Yes, I counted fifteen aircraft, but now the German planes are flying again, so the air alarm didn't last long.) Annie has to pay Hf15 each month for lessons and very soon Hf40 for instruments, for practice lessons. So you see, I have no trouble deciding what to do with your money.

naar zo'n fijne E? Ik denk wel dat ik even duizelen zal. O jongen, wat ben ik nieuwsgierig naar die foto's. Wat boffen jullie daar hè. Ik geloof dat jullie nog heeles beroemdheden worden. Jullie zult daar in Auschwitz in ieder geval wel bekend zijn. Schitterend zeg, dat jullie revue zo goed geslaagd is. Zeg, als zij er niets van terecht brengen, laat ze jullie dan op laten treden. Wie weet wat er nog uit jullie groeit. Misschien nog wel ras artisten. Gaat dat zien!!! Gaat dat zien!!! Willy Nauta en zijn gezelschap!!! Vroolijkheid en amusement! Eerste klas artisten! U komt niet eens maar steeds om te genieten van het charmante optreden van Willy Nauta, Johan Groenestein, Carel Uriot en nog vele andere veel belovende sterren aan de tooneelhemel. Wel wat zeg je er van. Kan ik fantaseeren of niet. Oom Gerrit leest altijd graag je brieven en zal je ook schrijven. De kleine Lidy wordt een schat waar ze geweldig trots op zijn. O ja, biecht eens op, waar heb je ~~die~~ dat windjack gelaten? Weggegeven? Ik wilde het in Eindhoven verkopen maar het is onvindbaar. Dat vertel je me nog weleens hè. Hoe gaat het met je kleeding, kan je het nogal bijhouden. Weet je jongen, ondergoed heb ik niks meer voor je dus ik hoop dat je daar nog even mee voortkan. We hebben natuurlijk je punten wel, maar die zijde rommel die je nu koopt, is binnen een maand weg. Enfin als je thuis komt, zullen we alles terdege nakijken. Hoe zit het eigenlijk krijg je nogal regelmatig bericht van ons door of niet. Ik stuurde je de brieven altijd gewoon

I haven't received the cigarettes yet. Can you imagine how much I'm looking forward to one of those nice English ones? I expect to feel dizzy for a moment. Oh boy, I'm so curious to know what those photos are like. You are lucky over there, aren't you? I expect you will become famous. You must be well known there in Auschwitz. Fantastic that your revue was such a success. Say, if the Germans are no good on stage, let them get you to perform. Who knows how far you will be able to go. Maybe you will turn into professional artists. Roll up, roll up! Willy Nauta and his company! Happiness and Amusement! First Class Artists! You will come back time and time again to enjoy the charming performance of Willy Nauta, Johan Groenenstein, Carel Uriot and many other rising stars of the stage. Well what do you think? Can I fantasize or what?

Uncle Gerald always enjoys reading your letters and will write back to you. Little Lidy is turning into a real darling, they are very proud of her. Oh yes, confession time, what have you done with that wind cheater? Did you give it away? I wanted to sell it in Eindhoven, but I can't find it anywhere. You will tell me sometime won't you? How are you doing with your clothes, are you still managing? You know boy, I have no underwear for you, and so I hope that you are managing still with what you've got. We have of course your coupons, but that silky rubbish that you have to buy these days is gone in no time. Anyhow when you return home we will have a good look at everything.

Do you get our letters on a regular basis, we wonder about that sometimes. I always send your letters in the normal way. Stamp on it and in the letterbox. But then I heard you had to send them via a separate counter at the post office. I always

38/212

Een postzegel er op en in de bus. Maar nu hoorde ik dat je ze moet sturen via een apart loket in het postkantoor. Ik plakte er altijd een postzegel van een dubbeltje op maar dit kost dan 20 cent en daar moet dan een formulier bij ingevuld worden. Jan z'n ouders sturen ze altijd zo. Daardoor kwam het misschien dat het zo lang duurde, voor je iets van ons hoorde. Wie weet hoeveel er zo verloren zijn gegaan en ik ben al zo'n schrijfster! Heb ik me aldoor blauw zitten pennen voor noppes. Ik zal jij voor alle zekerheid nog even opsommen wat er in het laatste pakje zit: een kilo jam, een pond br suiker, 5 rollen drop, een zak vicks, een doos bruine schoensmeer en een doos leervet. Dat is prima om je hooge schoenen mee in te vetten. Houd het leer soepel en waterdicht. Het zal voor je verlof wel het laatste pakje zijn. Ik wacht graag op bevestiging van ontvangst en volgens mijn berekening heb ik dat niet eerder dan eind Nov. Nou dan zou het toch nog wel gaan hè, of wat denk je. Dan wordt het de derde week in Dec. God jongen, wat schiet de tijd dan op hè. Nou Wim, doe je de hartelijke groeten aan Jan en Carel van alle familie en kennissen en jij jongen en lekkere pakkert van Anny en mij en een stevige poot van Pap Oom Karel, Bob, Gerrit, Opoe, T. Sien, Corry en verdere bekenden. Ook vooral gegroet van Jan z'n ouders. Dag jongen, sterkte hoor en ik hoop tot spoedig.

Mans.

put a stamp on of 10 cents but that way it costs 20 cents and you have to fill in a form as well. Jan's parents always send their letters in that way. Maybe that was why it took so long before you heard anything from us. Who knows how many letters have been lost that way, and me being such a writer! All this time I have been slaving away for nothing! To be on the safe side I will just re iterate what there was in the last parcel: a kilo of jam, one pound of brown sugar, five rolls of liquorice, a bag of Vicks cough sweets, a tin of brown shoe polish and a tin of leather grease. That is great for putting on your high shoes. It keeps the leather supple and waterproof. It will probably be the last parcel before your leave. I am waiting to hear confirmation of receipt and according to my calculations that won't be before the end of November. So it would still be possible to send another one, or what do you think? That would take us to the third week in December, God boy, time is really getting on then, isn't it?

Well Wim, give Jan and Carel the best wishes from all the family and friends and you boy a big hug from Annie and from me and a firm handshake from Pap, Uncle Karel, Bob, Gerrit, Opoe, Aunt Stien, Corry and other acquaintances.
Also especially good wishes from Jan's parents.
Bye boy, keep strong, see you soon I hope.

Mams

Beste Wim.

Weidmannslust.
Kabelkrügerdamm
Berlin Nord.
31 October 1943.

Het is al weer 10 dagen geleden, dat ik je laatste brief ontving. Gelijk met een van Jan. Ook kwam ik nu tot de ontdekking dat ik een brief voor Jan naar jou gestuurd heb. Maar dat mag hem toch niet hinderen, jullie zijn toch 2 handen op 1 buik om het nu maar eens uit te drukken. Het is anders al weer een maand geleden geloof ik dat ik je het laatst geschreven heb, en dat is toch geen record daar de post binnen 5 dagen over is wel. Maar als steeds, de tijd gaat nog ontzettend snel.

Henk heeft ook nog verteld dat hij jullie tegen was gekomen in Bethbuchen. Ik zelf was 3 dagen, dus kun je wel nagaan hoe mijn eerste indruk hier was. Nu gaat het gelukkig al beter

Berlin, North

31st October 1943

Dear Wim,

It's already ten days since I received your last letter, at the same time I got one from Jan. I've just discovered that I sent you a letter meant for Jan. But that doesn't really matter, since you are such good friends. It's already a month since I last wrote to you. As always time goes by very quickly.

Henk told me that he met you in Rehbrucken. I was there myself for three days, so you can imagine what my first impression of this place was.

Fortunately, things are getting better; as you are probably finding yourself as well. It wouldn't be so bad to be here if only you could go home for a week, every three months or so. It's thousand times better here than in the labour division that was a real hell. Do you think of the weekends we used to have? My mood sinks below zero when I see the old photos, to think that I've been missing this for a year already. When you have something, you don't think about it much, but when you haven't got it....! Everything is still alright with you then, I really hope so but you know that, don't you.

maar dat zul je zelf ook wel
ondervinden. Het was hier nog nie
beroerd niet als het je eens om
de 3 maanden een weekje naar
huis kon. Het is hier duizendmaal
beter uit te houden dan in de
Arbeidsdienst dat was helemaal
een hel hoor.
Denk je ook nog steeds aan die
weekenden van ons vroeger. Als
ik die oude foto's zie is mijn
stemming ver onder nul als ik
bedenk dat ik dat nu al meer
een jaar mis. Als je het hebt
denk je niet verder na maar als
je het niet ....! Het gaat echt
nog immer goed met jullie wel
ik hoop het een muurtje van hak
maar dat weet jullie wel. Doe
de groeten aan je thuis ik heb
ze nog geschreven ook van de week
en houd je maar goed het eind
is al in zicht hoor. Je maat. ik

Give my regards to the family at home, I wrote to them as well this week. Keep well the end is in sight. Good Luck,

Anton

Amsterdam, 1 November 1943

Beste Nautz,

Eindelijk heb ik dan eens even gelegenheid om je te schrijven. Ik heb nu je tweede brief ontvangen en daaruit vernomen, dat het je thans heel wat minder gaat, dan in het begin. Dat is niet zoo prettig. Zeg! We hadden hier al onder elkaar, dat wil zeggen Dhr. Bergman, de jonge M. de Vries, Bremman en ik, uitgemaakt dat je geweldig geboft hadt. Maar wat wil je, zoo'n doodgewone Holl. kantoorbediende kan ~~toch~~ daar toch maar niet zoo opgefokt worden met vleesch en eitjes. En dan bovendien nog maar zoo'n beetje gecamoufleerd werken. Het is werkelijk niet te gelooven, dat je dat alles daar nog gehad hebt. Overigens gun ik het je van harte als je het daar beter hebt dan hier want erg gezellig zal het er over het algemeen wel niet zijn in zoo'n uithoek. Vooral nu het slechte weer aankomt zal het daar heelemaal wel geen pretje zijn. Eén troost heb je in elk geval en dat is dat het wel niet zoo erg lang meer zal duren dat je weer naar Holland kan komen. Een ieder is hier zeer optimistisch. Laten we hopen, dat de optimisten gelijk krijgen. Dan komt er misschien ook meteen een einde aan het gemodder op kantoor, want zooals je wel begrepen zult hebben zit ik nog steeds alleen. Dhr. Bergman en ik doen nu alle administratie, zoo goed en zoo kwaad als het

Amsterdam, 1st November 1943

Dear Nauta,

At last I've got the opportunity to write to you. I have received your second letter and I understand that things are going less well for you than at the beginning. Well that's not so good! We, that's Mr.Bergman, young Mr.de Vries, Overman and I have concluded that you have been really lucky. Imagine an ordinary Dutch office worker getting such good food as meat and eggs. Furthermore you're only doing a little bit of work. It seems quite incredible, that you managed to get all that. Well I'm pleased for you that you are better off there, because it can't be very nice overall to be in such a place in the middle of nowhere. Especially with the bad weather on the way, it won't be very nice. At least you can console yourself with the thought that it won't be long before you can come to Holland again. Everyone here is very optimistic. Let's hope that the optimists are right. If that were the case it would bring all the difficulties in the office to an end.

You will have understood by now, that I am still working here by myself. Mr. Bergman and I do all the administration as well as we can. It is impossible to find an office boy or girl. I try to deal with the current work the best I can; but of course anything else just has to wait. I am really worried about the end of the year when the end of year balance has to be done. None of the books are up to date, so I will probably have a nervous breakdown.

gaat alleen. Een jongste bediende, of aankomende bediende noch mann., noch vrouwelijk is te krijgen. Het loopende werk wordt, weliswaar met achterstand, nog steeds gedaan maar alles wat niet direct afgedaan behoeft te worden, blijft natuurlijk liggen. Ik houd werkelijk mijn hart vast voor het eind van het jaar, als de balans gemaakt moet worden. Geen enkel hoofdboek is natuurlijk bij, dus zal ik dan wel ongeveer een zenuwziekte oploopen. Tenminste a[illegible] ik alles voor de vastgestelde tijd klaar wil hebben. Maar ja, we leven nog en wat geeft het nu reeds over het volgend jaar te piekeren. Dan kan alles wel weer veranderd zijn.

Wat die accomodatie in jullie kamp betreft, daar kan ik ook over meepraten want dergelijke toestanden waren, vooral in het begin van de mobilisatie, in het Holl. leger ook niet vreemd. Dat heb ik geloof ik wel eens verteld. Later werd dat beter en dat is dan het verschil, dat jullie het eerst goed hadden en later slechter en wij Holl. soldaten precies tegenovergesteld. Overigens zou ik nog best w[illegible] pontonnier willen zijn, ondanks alles, dat weet je.

Toen ik van je eetpartijtje hoorde, liep me het water in de mond, want zooals je wel weet is spek en wijn en gebak hier een onbekende luxe geworden. We hebben nog steeds de warme hap van de Bedrijfskeuken en die is niet slechter en niet beter geworden. Je weet het wel, alles heeft het zelfde gore smaakje. Nu beste Nauta het wordt tijd dat ik in bed kruip want morgen is het weer druk werk (loon inschrijven). Hartelijke groeten van allemaal en houd je maar taai

M.J. [illegible]

Especially if, as I am hoping, everything is going to be ready on time. But any way we're still alive and it is really no use to start worrying about next year already. Things could have changed by then.

I can really understand your accommodation problems in the camp; during the mobilisation of the Dutch army, especially in the beginning, we had similar problems. I think I have told you about this before. Later on things improved, and that is the difference between your situation where at first it started good and turned bad, whilst for us Dutch soldiers it was the other way around. When I heard about all the lovely things you have to eat, it made my mouth water. As you know, bacon, wine and cake have become unknown luxuries. We still get a hot lunch from the works canteen, which has not changed. You know what I mean, everything tastes indifferent.

Well dear Nauta, it is time for bed because tomorrow is a busy day (wages administration). Best wishes to all and keep well.

J.J.Weesp

3 I '43 Berlijn.

Wim

Ook jou zullen we eens wat meer pennen voor zover 't nog mogelijk is, de radio staat te schreeuwen en dat is nu niet geschikt om gedachten op te wekken.
En dan wil ik maar met de deur in huis.
Dat jullie nu zo'n armzalig stukje draaiorgel musiekanten zijn, kan toch geen rede zijn om je op één lijn te willen stellen met een paar hoogstaande musici, die het toch ook niet kunnen helpen dat jullie op zo'n laag peil tussen de boeren zijn gezakt.
Die foto's zijn anders prachtig geslaagd en 't is jammer dat ik er niet bij het kunnen zijn, wat mij wel wat waard was geweest.
Karel heeft nu wel mijn lijst van nummers ontvangen dus kunnen jullie meteen weer op de gedachten van vergeten dingen komen, als je mij nu ook eens stuurde wat jullie speelden kom ik ook weer op 't idee en zo nodig als ik ze niet kennen kunnen jullie ze mij in musiek schrijven als je daar tenminste musiek hebt.
Wij leren elke week 3 nieuwe nummers van onze pianist die ze de banjo voorspeelt en voor mij de accorden opschrijft, dus krijgen we na verloop van tijd een uitgebreide repertoire. Je dacht dat ik bezweken was voor het vrouwelijk schoon maar het is al weer voorbij. 't Heeft precies 4 maanden geduurd en nu ga ik er niet meer heen want we spelen nu elke Zaterdag en Zondag avond dus heb ik geen tijd meer om mij met grieten te bemoeien.

3.10.43 Berlin

Wim

I will try to write to you, but the radio is on full blast, which is not conducive to thinking. So I will tell you straight away what is on my mind. Just because you're such a miserable group of musicians cannot be a good reason to go and compare yourselves to a few well respected musicians, who can't help the fact that your level of competence has sunk so low.

I must say the photos are really good and it's a shame I couldn't be there, it would have been worth a lot to me if I had been able to. Karel should have received my list of songs by now, which might help you to remind forgotten songs. It would be good if you could send me a list of the songs that you play, to give me some more ideas. If necessary you could send me the music if you have got it. Every week we learn three new songs from our pianist, who plays them for the banjo and writes the cords for me. So in time to come we will have quite a comprehensive repertoire.

Did you think I had fallen in love? Well it's already over. It lasted for exactly four months and I don't go there anymore now. We play every Saturday and Sunday evening so I don't have any time to bother with girls. Looking at the PS that my dear brother sent, I think there is more chance that he will get a girl. I am now totally devoid of thought so I'm going.

Misschien dat broerlief nog wel eerder aan de pan blijft hangen als ik tenminste te vreten maar het P.S.
Tot mijn zelvers spijt ben ik totaal leeg van gedachten dus ga ik er maar weer mee nokken.
Stuur je hierbij een nog grotere hoeveelheid marzel en sterkte tegen en hoop weer wat anstendig neues über euch zu hören.

Gegroet. Jan,

I send you a large amount of luck and strength and hope to hear good things from you soon,

Regards, Frans

EINSCHREIBEN.
An. Herrn. Willem. Nauta.
I.G. Farbenindustrie
Auschwitz. O.S.
unbekannt
Deutschland.
Berlin 27
DEUTSCHES REICH

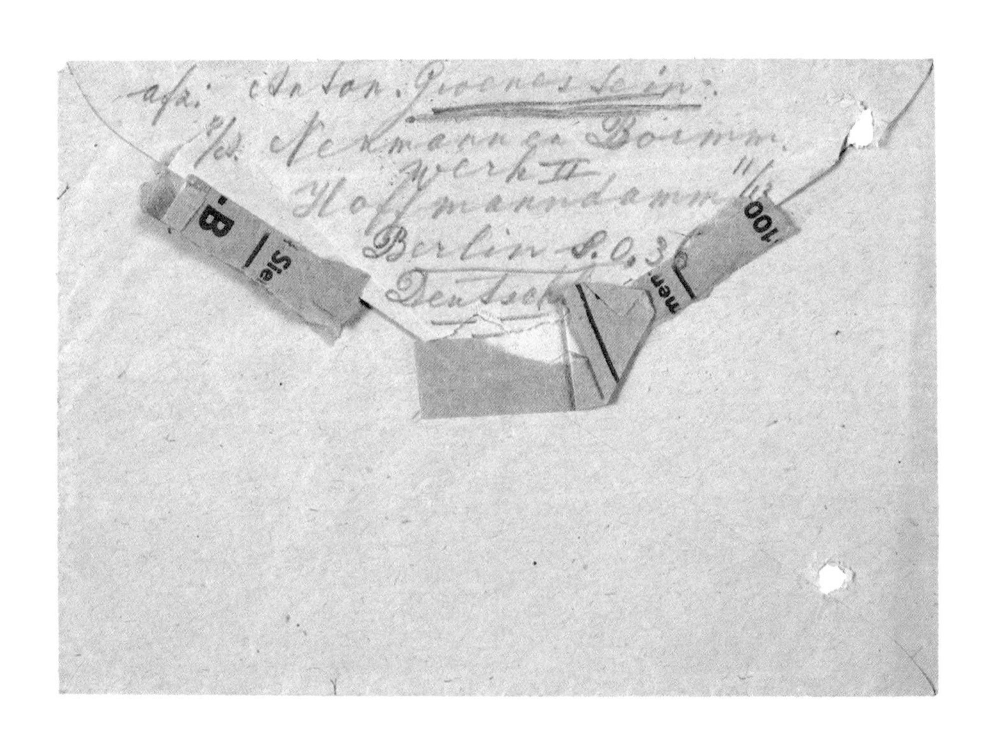

Waidmannslust.
Zabelkrügerdamm.
Berlin. Nord.

Beste Wim.

Ik heb net een brief van je ontvangen. Je maakt het dus nog immer goed? Ook ik maak het nog goed. Op het ogenblik vriest het hier dik, maar dat zal bij jullie wel gelijk zijn, het was de hele week al zo koud ook.

Is het al definitief dat je met December met verlof gaat? Ik heb er nog niets van gehoord, en reken er dan ook geheel niet op van dit jaar nog thuis te zijn. Het zal me hard meevallen als jullie wel weg kwamen, want hier gaan er niet veel ongehuwd binnen de 12 maanden weg.

Ik hoor dat er nog steeds leven is in het [illegible]spelen ook! Ik heb nu al in geen 2.

Berlin Nord 29.9.43

Dear Wim,

I have just received your letter. So you're still doing ok then? I too am still ok. At the moment we are having heavy snow, I assume it's the same where you are. It was so cold all week.

Is it definite that you go on leave in December? I have not heard a thing about that and I don't count on being home this year. I will be really surprised if you do manage to go, because here not many who are unmarried are expecting to get leave in the next 12 months.

I hear that you are still doing well, playing the guitar. I haven't touched a guitar for two months now, so you can imagine that I have lost my touch. Whilst I was in the army for half a year there wasn't much time to study either. Anyhow after the war I'll start again.

Last week I got a letter from Jan to send home, and just now I've received a letter from home that Jan had sent to me. So he must have put the wrong letters in the wrong envelopes, just like me. It was a letter of the 4th October. I've also written to you and your family and think that I too made that mistake. Who is it that lives on Bloem Canal 180?

maanden een gytaan aange-
raakt en je zult wel begrijpen
dat ik het dus aardig krijg. Ben
ook al door het halve jaar in de
dienst daar kwam van stukken
ook niet veel. Enfin na de krieg
maar weer.

Ik kreeg vorige de week nog een
brief die voor mijn thuis was
van Jan, en nu net ontvang
ik een brief van thuis die ze
van Jan voor mij ontvangen
had. Heeft hij natuurlijk ook
de verkeerde brieven in de verkeerde enveloppen gedaan net als
ik. Hij was van 4 October. Ik heb
je thuis en van Jan ook geschreven
maar geloof ook deze brieven ver-
wisseld te hebben. Wie woont ook
weer Bloemgracht 180? Doe je Ik
thuis en Jan en kameraad Fie
groeten van mij. Tot de volgende

Regards to your family, Jan and Karel and regards from me, till the next one.

Anton

Beste Allemaal, Auschwitz, 2 Nov. '43

Ik heb zoeven jullie brief van Zondag 17 Oct. ontvangen, en die is dus niet eens zo lang onderweg geweest, nadat 14 dagen. Jullie schreven dat er 2 dagen tevoren een pakketje naar me toe was gestuurd, nu, dat klopt precies want gisteren kreeg ik een kaart dat ik in Katowice m'n pakketje kon gaan halen. Ik kon natuurlijk niet weer een 'n dag vrij krijgen, maar er gaat om 's avonds kwart voor 6 een trein naar Katowitz, en dus heb ik om 5 uur de fiets gen[illegible]en en ben 'm gesmeerd. Om half 8 was ik in Kato, en ik gauw naar de Express afdeling om 't te halen. Nou, 't was gelukkig gauw in orde. 't pakket was helemaal onbeschadigd en alles wat jullie schreven zat er in. 't Is reusachtig hoor, en jullie worden natuurlijk reuze bedankt. In Kato heb ik nog wat gegeten, en toen om 9 uur met de trein terug. Om half 11 's avonds was ik weer in Auschwitz, en ik gauw naar de stalling en aan 't racen om gauw thuis te zijn. 't Station ligt ± een half uur lopen van ons lager af, en ik was net op de helft toen bij de autobushalte een grietje van een jaar of 25 me vroeg of er nog een bus reed. Nou, die reed natuurlijk niet meer, en ze had 2 koffers bij zich, en moest naar 't station. Ik heb toen maar eens m'n hand over m'n ridderlijke hart gestreken en die koffers op m'n fiets gepakt en wij samen weer naar 't station toe. Onderweg vertelde ze, dat ze een Weense was, en haar man in de revolutie bij een straatgevecht was doodgeschoten. Ze was dus van de goeie kan[illegible], en dat zijn, zoals ze me vertelde, ook bijna alle Weners. Je moet als je daar in een winkel wat gaat kopen niet zoals hier 't hart in je lijf hebben om je hand op te steken, want dan krijg je niets. Wenen is volgens haar dus nog steeds zoals 't voor de oorlog was n.l. hardstikke [illegible] Om half 12 waren we weer bij 't station, en hebben we afscheid genomen en ik kreeg 3 appels een handje sigaretten (8 stuks!) en 5 Mark van d'r. En natuurlijk moest ik nog een schrijven ook. Super hè? Alleen was ik pas om bij half 1 thuis, maar dat mag 'm niet hinderen.

Konten: Reichsbank-Giro Kattowitz 827   Postscheck Breslau 41178

Auschwitz, 2nd November'43
Dear All,
I have just received your letter dated Sunday 17th October, so that didn't take that long to arrive; only a fortnight. You wrote that you had sent a parcel two days previously, well that was so, because yesterday I got a card to say that I could collect a parcel in Kattowitz. This time I couldn't get half a day off to collect it, as nowadays there is a train at quarter to six to Kattowitz, so at five o'clock I jumped on my bike and was off. At half past seven I arrived in Katto and I quickly went to the Express department to collect it. Well, fortunately everything went really quickly, the parcel was completely in one piece and everything you wrote about was in it. It's fantastic and of course I thank you very much. Then I had something to eat in Kato and then back on the nine o'clock train.
I arrived back in Auschwitz at half past ten at night. I went to the bike shed and started pedalling so as to be back quickly. I was about half way, when passing the bus stop I saw a girl of about twenty five years old. She asked me if there were still any buses going. Well of course there weren't any buses any more, she had two suitcases with her and was on her way to the station. I decided to do the gallant thing and put the suitcases on my back and together we went to the station. On the way she told me, that she came from Vienna and that her husband had been stabbed to death in a street fight, during the revolution. So she was from the right side, and according to her, almost all Viennese are. When you go into a shop there to buy something, you wouldn't dream of giving the Hitler salute, not like here, because there you wouldn't get served. According to her, Vienna is still the way it was before the war. At half past eleven we arrived at the station and we said our goodbyes. She gave me three apples, a handful of cigarettes (eight!) and 5M. Of course she also asked me to

Nou heb ik nog wat, er ligt nog steeds een brief in m'n kast met foto's die ik aan een verlofganger mee wil geven, maar tot nog toe heb ik dat nog niet kunnen doen, dus als jullie die brief eventueel nog eens ontvangen, kijk dan maar niet naar de datum, want die is reuze oud.

We hebben juist een paar super dagen achter de rug, er zijn n.l. een paar kamers met verlof naar Antwerpen gegaan en we hebben een 'n week met z'n 3en een super kamer gehad, maar vanavond moeten we weer verhuizen, want de [illegible]lagerverwaltung is er achter gekomen en wil 't niet hebben. Enfin, die paar dagen hebben we in ieder geval gehad. Wat dat trekken betreft Moe, dat is niets hoor, we zouden 't wel willen maar hier bij de S.G. kan je ~~tot~~ toch niet weg. Zeg, wat is dat voor flauwe kul, om zo treurig van me te dromen, zo treurig zijn we hier heus niet hoor, we hebben haast altijd reuze lol. Pap. gefeliciteerd met uw schoenen wat een snelheid zeg, dat u ze nu al heeft. Enfin, beter laat dan nooit. Zeg, ik heb shag voor u opgestuurd is dat al gearriveerd? En Moe, voor u is via Frans in België 17 P en 3 F. sigaretten onderweg, die zult u alweer ontvangen hebben he? Zeg Annie, dat wordt ernstig met jou, als pedicure, ga je een eigen zaakje openen? Ik zal hier de baas eens vragen of we niet wat instrumenten voor je maken kunnen een paar nijptangen enz. of is dat er niet voor geschikt? Reuze dat de boot haast af is ook zeg, m[illegible] 't wordt zo langzamerhand wel tijd ook he?. Nou, hu m'n blaadje is weer vol en 't is half 1 ook en ik moet eten, al heb ik nog niet veel trek, dat komt door die jam en vooral door die bruine suiker op m'n brood van morgen. Hier is nog eens m'n gewicht: 76 kg.
Nou, ik stop, 't beste en hou jullie taai. So long.

Wim

P.S. Tegen de tijd dat jullie deze brief ontvangen zullen Pap en Annie wel ongeveer jarig zijn, dus meteen gefeliciteerd hoor! W

Konten: Reichsbank-Giro Kattowitz 827 Postscheck Breslau 41178

write to her sometime. Great wasn't it? The only thing was I didn't get back until half past twelve, but that did not matter. Now there is something else, in my cupboard I've still got a letter with photos that I want to give to someone who is going on leave, so far I've not been able to do this. So should you ever receive that letter, don't look at the date because that's very old.
We've just had a few really good days; a few Flemish boys went back to Antwerp on leave, so the three of us had their room for half a week and it was great. Tonight we've got to move back, the barracks people found out that we had moved to that room and they didn't allow that. Never mind, we had a few good days in there.
As regards moving on Moe, that's nothing you know, we would like to, but you can't leave here at I.G. Say what's all that rubbish about having sad dreams about me, we're not sad here at all, most of the time we have a good laugh.
Pap, congratulations on getting your shoes, and at such speed. Anyhow, better late than never. I've sent you some rolling tobacco, has it arrived yet? For you Moe, I've sent seventeen German and three English cigarettes, via Frans in Berlin. I assume you have received those?
Say Annie, that's going to be great, when you are a chiropodist, will you have your own business? I will ask my boss here if we can make some instruments for you; a couple of pliers, or won't they be suitable? Fantastic that the boat is nearly ready, about time too isn't it? Well folks my sheet is nearly full it is half past twelve, time to eat. I am not very hungry yet, that's because I had jam and brown sugar on my bread this morning. Here is my weight once more: 76 kg.

Well, I'm stopping all the best and keep well.

So long, Wim. P.S. By the time you get this letter it will be close to Pap and Annie's birthdays, so congratulations! W.

Auschwitz O.S. *- Auschwitz Ober Schlesien*

Naar station *- To station*
Fremdemheim *- Foreigners home*
Ruine Kasteel *- Castle ruin*
Gastätte *- Restaurant/Inn*
Kerk *- Church*
Bakker *- Baker*
Wasserij *- Laundry*
Bata *- Bata (shoe shop)*
Konditorei *- Café*
Pomp *- Pump*
Theater 'Scala' *- Theatre 'Scala'*
Tandarts *- Dentist*
Weg naar Dwory en Lager 2 *- Route to Dwory and Camp 2*

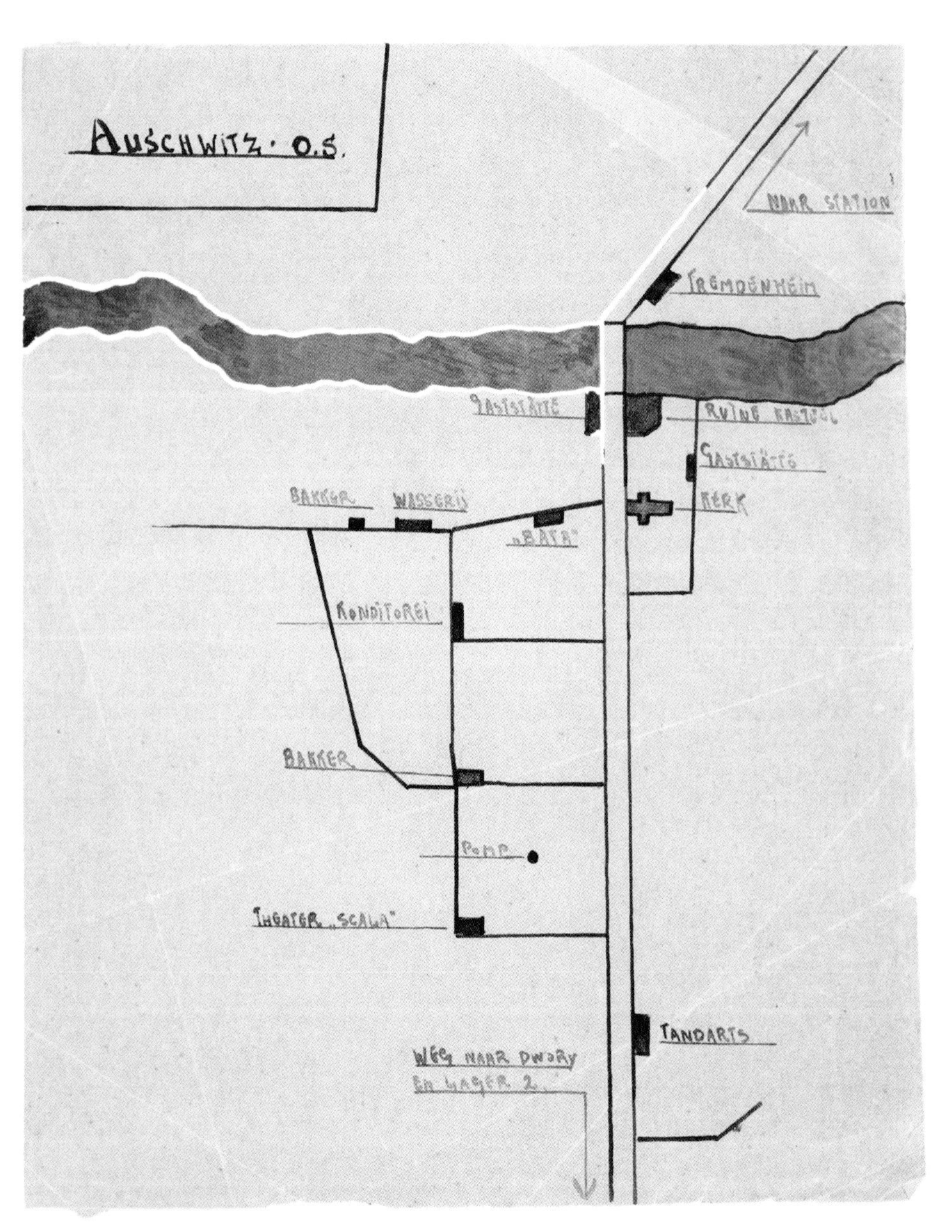

Maps drawn by Wim Nauta whilst in Auschwitz. The maps depict Wim's daily surroundings.

Platteground van onze dagelijkse omgeving -
Map of our daily surroundings

1000 Mann Halle - *1000 men Hall*
Abort - *Abort (definition unknown)*
Angestallten Lager - *Paid workers camp*
A.Z. 890 - *Auschwitz 890*
Bucchewald OSL - *Buchewald OSL (Ober Schlesien)*
Dichte omheining - *Closed fencing*
Franse cantine - *French canteen*
Heim Kreicham - *Kreicham House*
Holl. Barak - *Dutch barrack*
Joodse kerkhof - *Jewish cemetery*
Koestal - *Cowshed*
Koel toren - *Cool tower*
Kranken Revier - *Sick bay*
Laboratorium - *Laboratory*
Lager 1 - *Camp 1*
Lager 2 - *Camp 2*
Lager 3 - *Camp 3*
Lager 6 - *Camp 6*
Lager verwaltung - *Camp administration*
Meertje - *Small lake*
Naar Auscwitz - *To Auschwitz*
Open omheining - *Open fencing*
Paremba - *Paremba (town)*
Polische Werkstelle - *Polish shop*
Poolse cantine - *Polish canteen*
Reprü - *Reuprü (definition unknown)*
Tech. Lager - *Technical camp*
Verkaufstelle - *Sales outlet, shop*
Was Barak - *Wash barrack*
Wegen - *Roads*

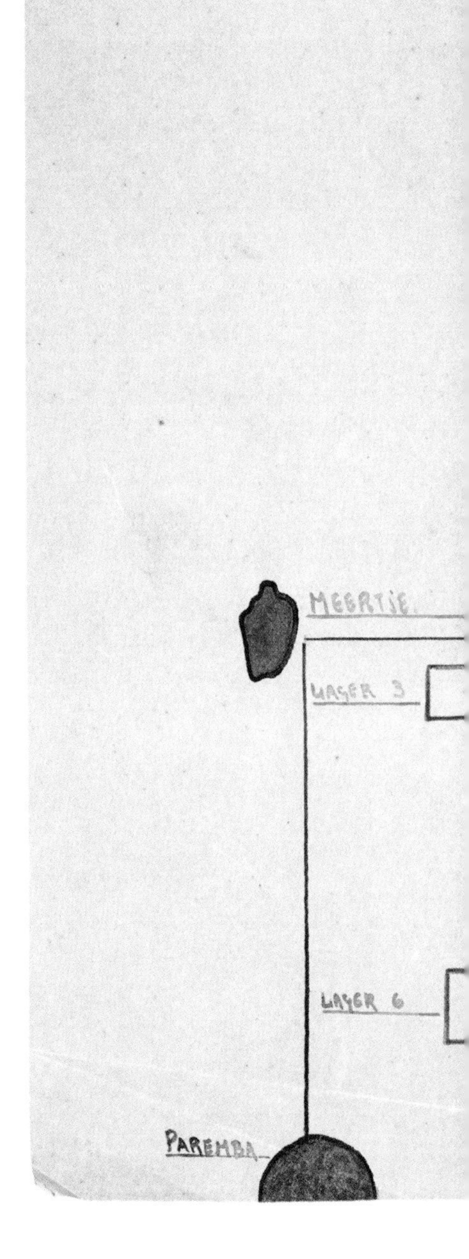

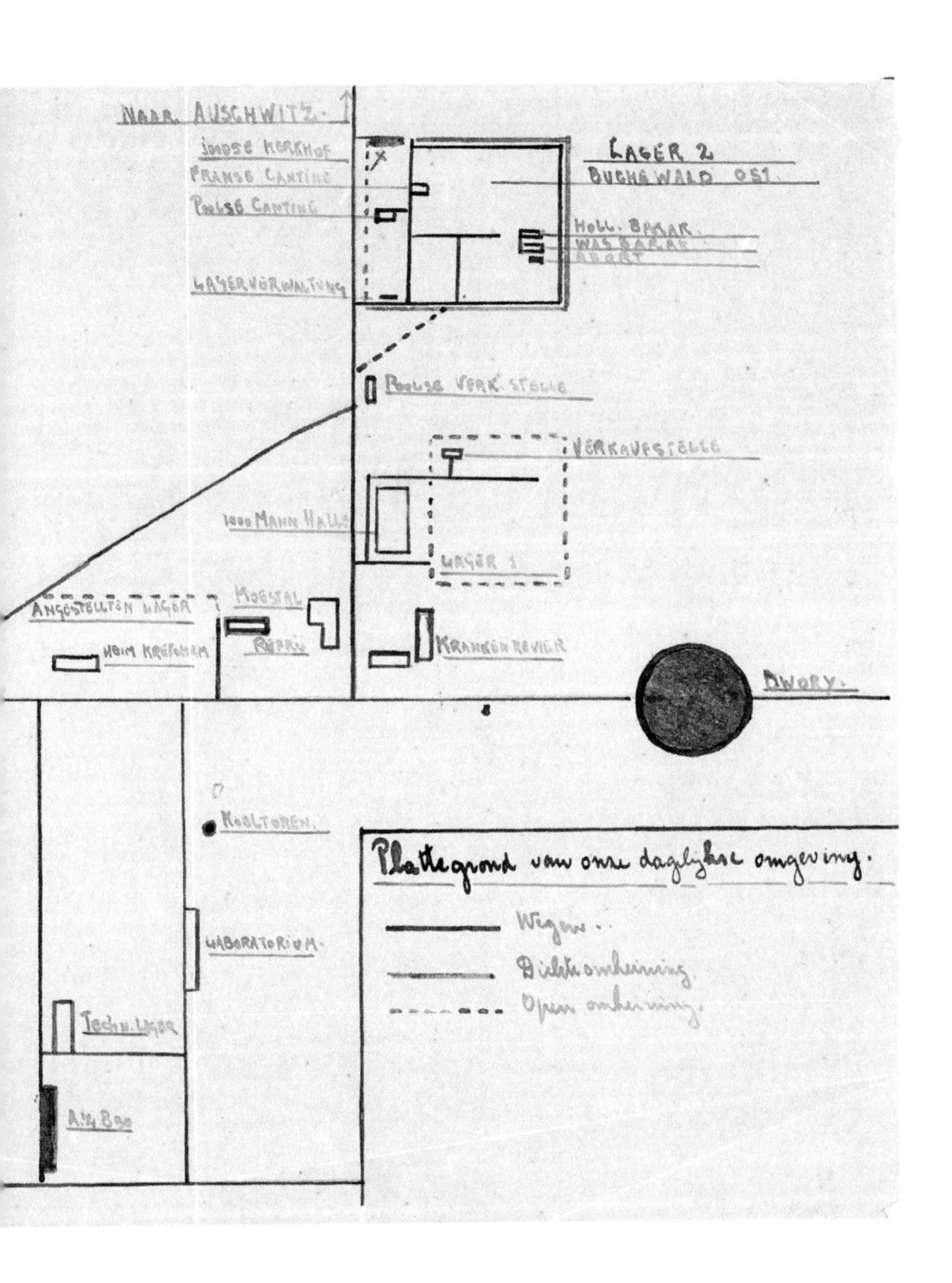
NAAR AUSCHWITZ.
JOODSE KERKHOF
FRANSE CANTINE
POOLSE CANTINE
LAGERVERWALTUNG
LAGER 2
BUCHEWALD OST.
HOLL. BARAK.
WAS BARAK
ABORT
POOLSE WERKSTELLE
VERKAUFSTELLE
1000 MANN HALLE
LAGER 1
ANGESTELLTEN LAGER
KRANKENREVIER
DWORY.
KOELTOREN.
LABORATORIUM.
Techn. LAGER
A.H.Bau
Plattegrond van onze dagelijkse omgeving.
Wegen.
Dichte omheining
Open omheining.

Auschwitz. 6-11-'43.

Beste familie.

Om te beginnen zal ik eerst U vrijelen Tante van harte feliciteren met Uw verjaardag. Ik veronderstel dat deze brief zo tegen 24-11-'43 bij U zult arriveren en dat we deze dag op latere jaren bij U mogen vieren want op zo'n gedenkwaardige dag, gaan je gedachten toch naar elkaar uit en dan kun je zo die bewaarschappen die nu gelukkig ver van huis zitten nu daar die m...— een beetje jazz in te gieten met de pap lepel. Ma we hebben de laatste tijd veel goede avonden door het Dak. We hebben Willi Clahé en diverse andere bekende bands in de Tanzendemannhalle gezien en we hebben erg genoten hoor! Het is hier op 't ogenblik aardig koud van af en toe meevalt het, Het is gelukkig nog maar natte sneeuw, maar je weet niet wat er nog moet komen. Na verder een vrolijke avond. en niet dronken worden van de thee en koffie hoor. Tot ziens.

Nu U Mevrouw.

Hoe gaat het U eigenlijk? Ik vind, maar dat de tijd al aardig opschiet naar de vrede, maar wie weet hoe lang het nog duurt voor het zover is. Ja we verlangen allemaal naar het einde van deze Krieg.

Dan komen we weer gezellig bij elkaar een beetje praten en roddelen weet U wel? Hoe is het met Tante Sien en Bob en Karel en Uw moeder? Kom

Auschwitz, 6.11.43

Dear Family,

To start with I want to congratulate Mr. Nauta on his birthday. I assume that this letter will arrive around the 24th November '43 and I hope that in the future we will be able to celebrate this day with you. On such a special day your thoughts turn to those you love and I'm sure you will miss us three noisy lads that are now far away from home, fortunately. We are busy trying to annoy the Germans instead. Mr. Nauta we are having some good evenings lately thanks to the DAF. We have seen Wild Clahe and various other well-known bands in the theatre here, and we have really enjoyed ourselves! It's very cold here at the moment and from time to time it snows. Fortunately the snow does not settle, but we don't know what is yet to come.

Well I wish you a happy evening and don't get drunk on the tea or coffee! See you soon.

Now it's your turn Mrs. Nauta,

How are you? I think time is going by and getting closer to peace, but who knows how much longer it will take. Yes we are all looking forward to the end of this war. Then we will be able to get together again and have a cosy chat, do you remember? How is Aunt Stien and Bob and Karel and your mother? Does Jaap ever call on you or is he out off the country as well? Please excuse my handwriting, but I don't have much time. My boss has just gone out, so I'm

Jaap nog wel eens bij U, of is die ook al buiten 's Hollands grenzen? Wil U [illegible] mijn mooie hand van schrijven maar niet kwalijk nemen, want ik heb weinig tijd. Mijn chef is namelijk even de deur uit, dus dan kan ik even in mijn pen klimmen en een duik in de inktpot nemen om me dan af te drogen aan deze brief. Hoe is dat gezegd hè!. Nu ook U hartelijk gefeliciteerd met Uw man en maar tot spoedig weerziens.

Jan

Beste Annie.

Ook even een lettertje aan jou. Ten eerste ook gefeliciteerd met je vader en wat ga je nu beginnen? Ga je zo'n beetje voetverzorgster of manicure of weet ik hoe dat vak heet, worden? Jonge ik zie je al voor me staan in een witte jas met zo'n instrumenten-tafeltje vol blinkende instrumenten. Nu ik heb vernomen uit jullie laatste brief aan Wim, dat de boot nu ook eens eindelijk de goeie kant opgaat er komt schot in hoor. Maar ja er was niets aan te doen er je [illegible] kan de spullen toch niet van je rug afsnijden nietwaar? Nu dan ga je tegen het voorjaar zeilen hè? Jonge ik ben gewoon jaloers op je. Nu Anneke. ik moet ophouden en ik wens je het beste met de cursus en ook met de boot. Dag.

Weest allen hartelijk gegroet
van Jan Groen

Annie.
P.S. Ik zie net dat jij op 26-11-40 jarig bent en ook van harte gefeliciteerd.

taking the opportunity to do some writing.

Well I congratulate you on the birthday of your husband and I hope to see you soon.

Jan

Dear Annie,

Also a little word to you. First of all congratulations on your father's birthday. What is that I hear? Are you going to be a chiropodist? Boy, I can see you now in a white coat with a small table nearby full of shiny instruments.
I have learnt from your letter to Wim, that the boat is nearing completion. Well you could not have done it any other way, you needed the materials. So I expect that you will be sailing this spring. Well I'm really jealous.

Well Anneke I have to stop now and I wish you all the best with the lessons and the boat.

Bye.

Regards to all from Jan Groenenstein.

PS Annie I see that it's your birthday on the 26.11.43. Congratulations.

9 Nov '43.

Hoera Wim,

Gisteren de foto's ontvangen en nu je brief van 26 Oct.
O, jongen wat waren we blij met die foto's. Ik vind
ze geweldig. Waren Jan en jij net aan 't zingen en stond
Karel in afwachting om in te vallen? Die indruk krijg
ik er van. Wat ik op die andere foto van de omgeving zie,
dat valt me mee, ziet er heel aardig uit. Zeg Wim,
hoe laat is die foto genomen bij half twaalf of bij zessen.
Dat kan ik niet zien. Jan z'n Moeder kwam ze gisteren
in de namiddag even brengen maar voor Karel z'n thuis
waren er niet bij. Die heeft ze zeker naar Frans gestuurd.
Hoe zit dat eigenlijk. Karel z'n Vader zegt dat we
gek zijn als we jullie pakjes sturen. Jullie hebben zo
veel, dat jullie geregeld bonnen naar Frans sturen maar
uit een brief van Jan maak ik op, dat jullie tekort
komen ~~voor~~ v.n. brood. Als Karel sturen wil,
moet hij weten daar hoef jullie toch geen honger voor te
lijden. Frans zal heus wel aan z'n portie komen en buiten
dat, dan mag je Rienus en Tonny ook wel sturen. Die
zijn net zo goed het kind van de rekening. Vooral die
arme Tonny, die stakker staat daar moederziel alleen.
Vertel je me in je antwoord eens hoe dat in elkaar zit?
In ieder geval heb ik je 15 Oct een pakje gestuurd en
hoop dat je dat intussen goed hebt ontvangen. Voor
alle zekerheid nog even de inhoud: 5 rollen drop, een pond
br. suiker een kilo jam een doos br. schoensmeer een doos leer
vet en een zak vicks. Klopt dat? 't Is schreeuwend duur
dat vervoer zeg f 2.70 moest ik betalen. Dat is allemaal

Amsterdam, 9th November'43

Hurrah Wim,

Yesterday I received the photos and now your letter of the 26th October. O boy, we were so pleased with the photos. I think they are fantastic. Were Jan and you singing and was Karel waiting to join in? That's the impression I got. What I saw about your surroundings on the other photo, that's not too bad, it looks quite nice. Say Wim at what time was that photo taken at half past eleven or around six. I can't see that very clearly. Jan's mother came to bring the photos yesterday afternoon, but there weren't any for Karel's family. He must have sent them to Frans.

How is this exactly, Karel's dad says we are mad to send you parcels. You have got so much that you can send coupons to Frans on a regular basis. But Jan writes that there are shortages, especially bread. If Karel wants to send coupons, that's up to him, but you should not go hungry. I'm sure Frans is getting his rations and besides if you do that then you ought to send coupons to Rienus and Tony as well. They too have troubles. Especially Tony, that poor boy is there all by himself. Explain things to me in your next reply.

Anyhow on the 15th October I sent you a parcel and hope that you have received that safely by now. Just to be sure this is what was inside: five rolls of liquorice, a pound of brown sugar, a kilo of jam, a tin of brown shoe polish, a tin of leather grease and a bag of Vicks cough sweets. Is that correct? The cost to send it was incredibly high, I had to

niks, als het maar veilig overkomt. Jan z'n Moeder heeft
ook pas een pakje verstuurd. Och jongen, wat spijt het
me dat ik niet eerder het geweten dat je de brieven
aan 't postkantoor af moet geven. Ik heb je steeds op je
brieven geantwoord maar er zijn er natuurlijk heel
wat verloren gegaan. 't Gekke is dat ik ze ook niet terug
kreeg. Je schreef over een brief met een verlofganger. Wel
die heb ik nog niet ontvangen en de cigaretten ook nog
niet. Als daar maar wat van terecht komt. Frans zal
ze toch zelf niet opgerookt hebben? Ik vind het zo [illegible]
stig lang duren. Maar zo gauw ik ze ontvang, zal ik
je schrijven. Zeg Wim, je schrijft over je verlof maar ik ben
o zo bang, dat het niet doorgaat. Ik heb al van verschil
lende mensen gehoord die er ook op rekenden en als de tijd
daar was, ging het niet door. Ons oude buurtje haar neef
zou einde deze maand komen en nu ontving ze een troost
loze brief dat het niet door gaat. Hij moet nog een half
jaar wachten. Hij schreef over liever maar een bom op
z'n kop enz enz. Informeer nog maar eens goed anders
wordt het zo'n geweldige teleurstelling. Weet je waa[r]
ik ook een beetje over in zit? Over jullie dekking. Meer
als twee dekens zullen jullie wel niet hebben en dat
met die kou die daar heerst brrr! Kom je met verlof dan
moet je maar een deken meenemen want oversturen durf
ik niet en dan iemand meegeven gaat natuurlijk ook niet
Woog je eerst niet meer jongen, ik vind je op die foto's
ook magerder. Jan vooral! Karel lijkt me nog hetzelfde
Wat zijn die twee toch een liliputters bij jou te verge
lijken hè.. Wat dat betreft had je wel een beetje beter

pay Hf.2.70. I don't care as long as you get it. Jan's mother has also recently sent a parcel. Oh boy, I'm so sorry that I didn't know sooner that you have to give the letters to a separate counter at the post office. I have replied to each and every one of your letters but of course it now turns out that a lot of them have got lost. The strange thing is that they were not returned to sender either. You mention a letter that you had given to someone on leave. I have not yet received that letter nor the cigarettes. I wonder if that arrangement is going to work. You don't think Frans has smoked them himself? I think it is taking a very long time. But as soon as I receive them I will let you know.

Say Wim, you write about your leave, but I am o so afraid that it's not going to happen. I've heard about several other people who were counting on it and then when the time came, it didn't happen. The nephew of our former neighbour was meant to come at the end of this month and now she has received a very sad letter to say that it won't happen. He has to wait another half a year. He wrote he would rather a bomb dropped on his head. Make some further enquiries otherwise it will be such a terrible disappointment.

You know what else I'm a bit worried about? Your bedding. You can't have more than two blankets and the cold there is so bad, brr! If you come on leave, then you will have to take a blanket back with you, because I daren't send one up, neither can I give it to someone to take. Did you not weigh more before, my boy? On the photos I find you look thinner too. Jan especially, Karel still seems the same. They look so small don't they, in comparison to you. You should have looked more carefully at their size before you

op de maat mogen letten voor je ze tot je vrienden koos.
Maar ja, we hebben tegenwoordig niet veel meer uit te
zoeken hè. Ik ben hun altijd geweldig dankbaar dat ze
zo spontaan met je mee gegaan zijn ofschoon ze nu ze
alles een beetje hebben bekeken, het nu wel niet zo
grif zouden aanbieden. Die jongens van Tante Neel zijn
nog steeds thuis. Wat een mazzel hebben die hè.
Ze verdienen bedragen waar je van achterover slaat.
Ach ja, zonder geluk vaart niemand wel. Ik hoorde
nu weer dat hier 40.000 man naar D zouden worden ge
stuurd om diegenen die daar al zo lang werken af te
lossen. Nou zeg als je Rienus nagaat die er al 3½ jaar
zit, die zou het niet spijten als hij in z'n oude trouwe
Mokum kon werken en wonen. Dat zou jullie niet
eens wat kunnen schelen. Nou mij ook niet hoor!
Was het maar waar Wim, dat ik je 's morgens weer
roepen ging met een kopje thee (Echte) Potverdikkie ik moet
er niet aan denken. Maar jongen, elke dag is weer een
stap naar de vrede. Zeg, je kunt toch van die E. wel
het een en ander gewaar worden, of zijn die er al zo
lang dat ze het zelf ook niet weten. Nou ik geloof dat
jullie over een maand of zo aardig keurig komen te
zitten. Veel nieuws heb ik hier ook niet. Opoe sukkelt een
beetje die stakker is die beroerde trap bij haar ook weer
afgevallen. Zo moet daar nodig vandaan, maar misschien
krijgt ze nu gauw een huisje. Ik ben voor haar bezig ge
weest. Ze is in een paar maanden al niet hier geweest, 't
wordt haar te moeilijk. Ik ben bij de slager wat vl
bonnen aan het sparen, dan moet ze met m'n verjaardag

choose them as friends. But there again, nowadays we don't have much choice.

I will always be grateful to them that they came with you so enthusiastically. Although had they known what it's all about they might not have been so spontaneous. The boys of Aunt Nel are still at home. Aren't they lucky? They earn an incredible amount of money. Oh well, without luck nobody manages well. I've heard that they are going to send 40,000 men to Germany to relieve those that have been working there for so long. Well when you think about Rienus who has been there for three and a half years already; he wouldn't mind if he could work and live in his old Mokum. You wouldn't mind that either. Well I wouldn't mind that neither! If only that could be true Wim, that I could call you in the morning with a cup of tea (proper tea). Oh dear, I mustn't think about it. But boy, every day is another step towards peace.

Say, can't you find out from those Englishmen what's going on. Or have they been there for so long that they don't know either? Well I think you will be short of things in about a month or so. I've not got an awful lot of news. Opoe (her mother) is not very well, the poor woman fell down those horrible stairs of her house again. She really needs to leave there, but maybe she's getting a little house soon. I have tried to help her with the accommodation. She has not been here for a few months now. She's finding it too hard. At the butcher's I'm saving some meat coupons, so that for my birthday she will be able to come for dinner and stay the night. I can't do this often, but well at Christmas that will be nice for her. We do go twice a week to see her and do some house work at the same time,

maar weer eens komen eten en slapen. Dikwijls kan ik dat ook niet doen, maar ach met de kerstdagen is dat weer eens gezellig voor haar. Wij gaan er wel twee keer in de week naar toe en werken er dan meteen, maar voor de rest zit ze ook de heele dag alleen. Nou Oom Karel en Oom Bob werken nog steeds bij van Dijk. Tante Sien en Oom Albert scharrelen er ook wel door en de kleine Lidy van Corry en Oom Gerrit groeit flink. Greetje van de Nieuwendijk is ondertrouwd en de 18de gaan we naar haar bruiloft. Hoe vindt je dat. Nou jongen, Anny schrijft ook nog wat dus eindig ik met een stevige poot van Pap, de hartelijke groeten van fam en bekenden en een fijne pakkert van je Mams. Doe je de jongens ook de hartelijke groeten! Tot Spoedig!

Hallo Wim
Hoe gaat het er mee? Hier is alles gezond. Ik ben druk bezig een paar witte jassen inelkaar te flansen, maar mam zegt eerst even schrijven dan kan hij nog net met de post mee. Waar ik die witte jassen voor nodig het vraag je? Natuurlijk voor m'n pedicure. Aanstaande maandag krijg ik voor t'eerst praktijk. Gisteravond heb ik mam onder t'mes gehad, en ~~van~~-vanavond moet pap er aan geloven. Ze vinden het wel een beetje griezelig, maar ik moet routine krijgen hoor. Alleen van die gemene likdoorn van mam daar moest ik vanaf blijven. Als jij nou een beetje vlug komt, kan ik me bij ~~joe~~ jou ook nog oefenen. Afgesproken? Tot ziens dus en een fijne pakkert van

Annie.

but the rest of the time she is all by herself.

Well Uncle Karel and Uncle Bob are still working at van Dijk. Aunt Stien and Uncle Albert are managing and little Lidy of Corry and Uncle Gerrit is growing up well. Greetje from the Nieuwendijk is getting married and on the 18th we are going to her wedding. What about that?

Well boy, Annie is going to write some as well, so I'm going to end with a firm handshake from Pap, the best wishes of family and friends and a big hug from your Mams. Give my regards to the boys as well. See you soon!

Hello Wim,
How are you? Everyone is healthy here. I am busy trying to make some white coats, but Mam says write first then this letter will make the post. You wonder why I need those white coats. For the pedicure lessons. This coming Monday I will be having my first practical lessons. Last night I have practised on Mam and tonight it's Pap's turn. They are finding it a bit scary, but I need to get more of a routine. Mam has got a nasty swelling on one of her toes, I'm not touching that.
If you can come back quickly than I can practise on you as well. Promise?
So see you soon and a big hug from,

Annie.

Waidmannslust.
Zabelkrügerdamm.
Berlin-Noord.
14 November 1943.

Beste Wim.

Gaat het nog goed met jou en met de kinderen? Ik hoop het maar. Ik heb hier een schrijven van 3 November van jou. Het hoort er best wel, zoals je schrijft, met nu en dan een concert of amusementavond.
Het is hier ook geregeld Hollandse en Duitse gezelschappen.
Maar ik verdom het nog steeds er heen te gaan. Ook is er nog naar gitaristen gevraagd en zijn hier instrumenten maar ook dat verdom ik alleen al uit principe. Je moet er om lachen maar ik val aan die rotbende hier niet.

Berlin North

14th November 1943

Dear Wim,

Are you still ok in this war? I do hope so. I've got a letter here from you dated 3rd November. You write that it's not too bad with an orchestra or amusement evening from time to time. We get that too, Dutch and German groups. But I'll be dammed if I go to it. They have also asked for guitarists, there are instruments here, but I'll be dammed if I'll do that; I have my principles. You might laugh at this but I will not be part of this rotten lot by helping with their propaganda. I don't judge you about that. Everybody must make up their own mind about what they are doing.

I've sent Henk your regards. He is still doing well, only he is very short of money. He even has to sell his butter coupon from time to time. How are you making out with the smoking? By the end of the month people get really desperate here, and they will pay the highest prices. I don't mind swapping my cigarettes for other things, sugar and jam that's the best, you know. Will you get leave this year? I'm really pursuing it but don't think anything will happen before January.

meehelpen met propaganda.
Waarmee ik jullie niet stoor."
Aal hoor verstaat goed. Ieder moet
maar weten wat hij doet niet!
Ik heb Henk de groeten van
jullie gedaan! Ook hij maakt het
nog steeds goed alleen erg krap
met geld. Hij moet nu en dan
zelf zijn boterbon verkopen!
Hoe maken jullie het met
roken! Hier zitten we gewoon
te springen als het wat na
het eind van de maand loopt.
en we betalen het gekste. bij
sigaretten wil ik altijd met
pakkies ruilen en jam dat is
beter werk hoor. April van dit
jaar nog met verlof. Ik zit er
dicht achteraan maar reken niet
op voor Januari. Zijn er bij
jullie ook zo weinig aardappelen
We worden hier steeds schraler.
gen 6 Jan. Met beste hoor.

Ik weet nu nu dan niets meer dus ik al veel geschreven had

Are you very short of potatoes? Here we are having less and less of them.

Anton

Sometimes I can't remember to whom I wrote recently.

INFORMATIE BUREAU
VAN HET NEDERLANDSCHE ROODE KRUIS

NETHERLAND RED CROSS INFORMATION BUREAU

AANVRAGER — ENQUIRER

Naam - Name: Nauta
Voornaam - Christian name:
Straat - Street: Gassingel 2, p/a Perdon
Plaats - Locality: Winschoten.
Provincie - County: Groningen
Land - Country: Nederland.

Mededeeling — Message
(uitsluitend familie-berichten, niet meer dan 25 woorden.) - (not over 25 words, family news of strictly personal character).

Zitten alle drie in Winschoten. Alles Oké. Komen zodra sperring opgeheven naar huis. Met jullie ook alles goed? Zend gauw bericht terug. Aan allen de groeten.
Wim.

Datum - Date: 11.5.45

GEADRESSEERDE — ADDRESSEE

Naam - Name: Nauta
Voornaam - Christian name: Willem
Straat - Street: Bloemgracht 180 III
Plaats - Locality: Amsterdam. (C)
Provincie - County: Nord Holland
Land - Country: Nederland.

ANTWOORD ACHTERZIJDE
Verzoeke zéér duidelijk te schrijven.

REPLY OVERLEAF
Please write very clearly.

Information Bureau The Netherlands Red Cross

Enquirer
Name............................Nauta
Christian name..................Willem
Street........................Gassingel 2 c/o Perdon
Locality......................Winschoten
County........................Groningen
Country.......................Netherlands

Message
(No more than 25 words. family news of strictly personal character)

Are all three in Winschoten. Everything ok. Coming home as soon as curfew is lifted. You all ok as well? Send word back quickly. Regards to all.

Wim

Date..............11.5.45

Addressee

Name.........................Nauta
Christian name................Willem
Street..............................Bloemgracht 180 '''
Locality...........................Amsterdam (C)
County.............................North Holland
Country............................Netherlands

Reply overleaf
Please write very clearly

ANTWOORD **REPLY**

Mededeeling aan afzender te retourneeren.

Message to be returned to enquirer.

(uitsluitend familieberichten, niet meer dan 25 woorden.) - not over 25 words, family news of strictly personal character.)

Hallo Wim,

Hier alles goed. Verlangen erg naar je. Zoen van Pap, Annie en Mams.

Datum:
Date: 16-5-'45.

Nederlandsche Roode Kruis Hulp afd. Groningen

Zéér duidelijk schrijven s.v.p. **Please write very clearly.**

K 2529

Reply

Message to be returned to enquirer

(No more than 25 words, family news of strictly personal character)

Hello Wim,
Here everything ok. Longing for you greatly. Kiss from Pap, Annie and Mams.

Date.........16.5.'45

18 Mei 1945.

Hallo Wim,

Ik hoef niet te vragen hoe het met je is want dat hoorde
ik vanmorgen van Jan zijn Moeder. Die andere Jan die jullie
in Winschoten gezien heeft is gisteravond bij haar geweest.
Geweldig zeg, hoe zijn jullie zo ineens verkeersagent geworden.
Karel had hij niet gezien maar jullie zagen er patent uit.
Ja, als ik mijn hart laat spreken zeg ik kom alsjeblieft
zo gauw mogelijk thuis. Maar mijn verstand zegt nee
blijf daar nog. Jullie hebt het daar goed en hier is het
nog misere. We hebben wel weer hoop dat het steeds
beter word, maar daar kunnen we nu ons maag nog niet
mee vullen. Ik ben anders dolblij dat we eindelijk van die
zwijnerei verlost zijn. God jongen, wat zijn we er toch
prachtig van af gekomen. Dikwijls heb ik gezegd, laat er
maar iets gebeuren dat we weten waar we aan toe zijn zo
is het geen leven langer. Maar nu ben ik blij dat ze ons
maar aan ons lot overlieten. Er zijn anders heel veel men
sen van honger gestorven. En er gaan er nog. Als je
daaraan denkt dan hebben wij toch veel geluk gehad
Onze heele fam is toch nog bij elkaar. Alleen Oom
Bob heeft pech gehad. Hij heeft steeds in de wapens
gezeten schoonmaken, repareeren enz en steeds is het goed
gegaan. Nu moesten ze de moffen wapens opruimen en
die smeerlappen hadden niet alle kogels verwijderd met het
gevolg dat Oom Bob drie schoten kreeg een door zijn hand
en twee door zijn been waardoor het gebroken is. Hij heeft
veel pijn gehad maar de dokter zegt dat hij goed gezond is

18th May 1945

Hello Wim,

I don't need to ask how you are, because I heard that this morning from Jan's mother. The other Jan who saw you in Winschoten had been to visit her last night. Amazing, how did you suddenly become a traffic policeman? He hadn't seen Karel but you looked fine.

Yes, if I let my heart speak I would say, please come home as soon as possible. But my brain says, no stay there a while. You are doing well there and here there is still misery. We have hope again that things are going to improve, but hope doesn't fill our stomachs. I am over the moon that we have been released from the swine.

God boy, we have been so lucky. Often I said I wish something would happen so that we would know how things stand, this is unbearable. But now I am glad that they left us to our fate. Many people have died from hunger. They are still dying. When you think about that you realise that we have been very lucky. Our whole family is still complete. Only Uncle Bob has had bad luck. He has worked in the weaponry all this time, cleaning, repairing etc. and all the time it was alright. Now they had to clear away the German weapons and those dirty devils had not removed all the bullets. Uncle Bob got three shots, one through his hand and two through his leg, which is now broken. He has been in a lot of pain, but the doctor says that he is in good health and he will be alright again in about six weeks' time.

How are things regarding cigarette supply where you are?

en met een week of zes wel weer in orde zal zijn.
Hoe is het bij jullie met de rookerij. Hier is het hopeloos
Ik loop me dood te snakken. Verleden week zo'n fijne Engelse
uit een Canadees z'n mond gepikt. Ik heb er de heele
weg aan lopen zuigen en hem thuis wel 5 keer opgestoken
en paar diepe halen genomen en weer vlug gedoofd. In de
krant staat dat het maanden duurt voor we iets te
rooken krijgen. Nou clandestien kost een rot Hollander
f 2.50. en een Engelse f 6. dus dat is taboe voor me
Als jullie daar dus wat tabak op de kop kunt tikken
doe het dan. Wat je te veel hebt, zaak je hier grif kwijt.
Nou jongen, je avonturen vraag ik maar niet naar die vertel je ons wel als je thuis bent. 't Is nu in ieder geval
zeker dat je niet lang meer wegblijft. Dag jongen, doe de groeten aan Jan en Karel en jij een fijne pakkert van je Mams.
Hallo jongens welkom in Holland, nog eens dan welkom
en [illegible] een groet van pap! dag!!!

Hallo Wim,

Ook nog even de groeten van mij. Ik wil je eventjes
vertellen dat ik Zaterdag examen heb gedaan voor
lichaams-massage en [illegible] geslaagd ben. Als je
thuis komt zal ik je eens fijn masseren, daar knap
je zo heerlijk van op! Met mijn werk gaat het op het
ogenblik reuze. Deze week heb ik f 50,- gehaald
dus dat gaat fijn he! Wim het blaadje is vol en ik
zou trouwens niet weten wat ik je meer moest schrijven,
kom maar gauw thuis praten is altijd gezelliger. Doe
de jongens de groeten en jij een fijne pakkert van je zus
Aag

It is hopeless here. I am gasping for a cigarette. Last week I pinched one of those fine English ones out of the mouth of a Canadian. All the way home I sniffed at it. When I got home I lit up at least five times, took a few deep drags and then quickly extinguished it. It says in the paper that it will be months before we get anything to smoke. On the black market a rotten Dutch one costs Hf.2.50 and an English one Hf.6. So that's out of the question for me. So if you can manage to find some tobacco there, please do so. I won't have any trouble getting rid of any surplus here.

Well boy, I won't ask about your adventures, you will tell us when you are home. At least it is now sure that you won't stay away much longer. Bye boy, give my regards to Jan and Karel and a big hug from your Mams.

Hello boy, welcome in Holland. Just a little bit longer then it will be welcome in Mokum. A firm handshake from Pap. Bye!!

Hello Wim,

Regards from me as well. I wanted to tell you that I've taken my exams for body massage on Saturday and I passed. When you come home I will give you a good massage, you will feel so much better after that. My work is going really well at the moment. This week I made Hf.35, so that's really good. Wim the sheet is full and any way I wouldn't know what to write. Come home soon, talking is always much cosier. Give my regards to the boys and a big hug for you from your sister, Anny.

19-5-'45.

Hallo Wim,

Even een levensteken terug. Met ons is alles O.K. God jongen, ik ben dolblij dat jullie veilig uit Moffrika terug bent. Met je kleding zal het wel hopeloos gesteld zijn maar dat mag niet hinderen als jij maar gaaf terug komt. Je kamer is prima in orde en wacht op zijn bewoner. Wil je Jan met zijn verjaardag feliciteren a.s. Donderdag. Wat mij betreft mogen jullie hem thuis

Amsterdam, 19-5-'45

Hello Wim,

Just to give you sign of life. Everything is ok with us. God boy, I am so glad that you have safely returned from Bosh land. I assume that your clothes are in a terrible state, but that does not matter, as long as you return unblemished. Your room is all ready and waiting for you. Please congratulate Jan on his birthday this coming Thursday. As far as I'm concerned you can celebrate at home. In any case you will celebrate your coming of age at home. Well boy, if you knew how much I long for you, then you would fly. But please bring something to smoke, because that's really bad here.

Give my regards to Jan and Karel and a big hug for you from Pap, Anny and Mams.

vieren. In ieder geval
zal jij je meerderjarigheid
wel thuis vieren. Nou
jongen, als je wist hoe
ik naar je verlang dan
vloog je. Mam breng als
jeblieft wat te rooken mee
want dat is hier knudde.
Doe de groeten aan Jan
en Karel en jij een fijne
pakkert van Pap, Anny, Mam
Jan Nanta

AFZ. ....

Bloemgracht 10 I A'dam.
....

BRIEFKAART

KAMPEN
22. V. 3 N
3
1945

Den Heer W. Nauta
adres fam Perdon
Singel 2
Winschoten (Gr)

Woensdag 5 juni '45

Hallo Wim,

Eindelijk weer eens een levensteken
van [illegible]. Ik hoorde hier dat jullie
eerst naar Weert moeten voor jullie
thuis komt dus durfde ik niet meer
te schrijven. God jongen, er komen
dagelijks duizenden thuis waar blijven
jullie. We hebben nu plenty te eten
en de shag kost nu nog maar f 8 een
half ons dus dat gaat wel weer. Corry
of Oom Gerrit komen dagelijks vragen
of je er al bent en wij gaan om beurten weg want we willen de risico
niet lopen dat er niemand thuis is.
Arme schat wat zul je veel meegemaakt hebben. Die brief uit Ravens-
bru[illegible] hebben we niet ontvangen. Je laatste brief was van 3 Jan dus je kunt je
wel indenken hoe ik in angst gezeten
heb. Over een 14 dagen of 3 weken krijgen
we weer gas en licht. Een paar bioscopen

Wednesday 5th June'45

Hello Wim,

At last I've heard from you again. I heard here that you first have to go to Weert before you can come home; so I didn't dare write to you again.

God boy, every day thousands of people come home, where are you?

We've got plenty to eat now, and the rolling tobacco costs only Hf.8 for half an ounce so that's not too bad. Every day Corry or Uncle Gerrit come to ask if you are here yet. We take it in turns to go out because we don't want to run the risk that nobody is at home. Poor darling, you must have had so much happening to you. We have not received the letter from Ravensberg. Your last letter was from the 3rd January, so you can imagine how frightened I have been.

In about two or three weeks the gas and light will come on again. A few cinemas are working again so we have seen the first American film. Pity that it gets so busy. Tell your foster family how very grateful I am to them for the care of my boy. Give our regards to Hillie and Jan and Carel. And you boy, if you knew how much I long for you, then you would fly to me. Kind regards from all of the gang, especially Uncle Bob and his wife to be, and a big hug from Mams.

drenten hier ook weer zodat
we de eerste Am. film ook al
gezien hebben. immer dat het
zo storm loopt. Wil je je pleeg
ouders mijn hartelijke dank
overbrengen voor de goede ver
zorging van mijn jongen. Groe[t]
ook Hillie van ons en Jan
en Carel. En jij jongen, als je
wist hoe ik naar je verlang
dan vloog je hier naar toe.
De hartelijke groeten van de
heele bubs (vooral van Bob
en 4.3. vrouw) en een fijne pakkerd van
ons. Mam

AFZ. Jan Nauta

Bloemgracht 110III Amsterdam (C)

BRIEFKAART
NEDERLAND
4
CENT
1945
Den Heer W. Nauta
Gassingel 2
Winschoten (Gr)

Winschoten 6-9-45.

Beste Wim.

Hier is dan weer eens een teken van leven uit Winschoten. We hebben van Jo Breken gehoord dat bij jullie alles oké was. Van hier is het gelukkig ook weer in orde. Mijn man is vijf weken ziek geweest, onze vacantie is er heelemaal bij in geschoten, we zouden 's Maandags weg naar Tinaarlo en Zondags werd me die goeie man ziek. Hij heeft het goed te pakken gehad, en is zoo mager als een lat geworden. De dokter zei dat het allemaal typhus verschijnselen waren die zich bij hem voordeden. Maar gelukkig dat leed is ook weer geleden. Laat me nu eens verder gaan met je te schrijven Wim dat we verleden Donderdag jou pakje met inhoud

Winschoten 6.9.45

Dear Wim,

Here then a sign of life from Winschoten. We have heard from Jo Breken that everything was ok with you. Thankfully everything is alright here too.

My husband has been ill for five weeks, so that put paid to our holiday. We were going to leave on a Monday but on Sunday my good man became ill. He had it bad and has lost a lot of weight. The doctor said he had symptoms of typhoid. But fortunately that is now in the past.

I'll continue my writing to you. Wim, last Thursday we have received the parcel you sent us. I am so pleased for Marietje that it has come. Every day when she came home from school she would ask if the parcel from Wim had arrived yet. Every day I had to tell her no. When she came out of school on Thursday morning it had already arrived, I had put it on her cupboard and you should have seen her eyes. She thinks it's beautiful and plays with it every day. I want to thank your sister Annie very much on behalf of Marietje.

On the Queen's birthday we have had big parties here in Winschoten. Most streets were beautifully decorated, the Gassingel included. We won the third prize (Hf.45) Street parties were organized everywhere. We're going to have another small party, but not until there is a drop in the bottle. The men don't want to have to celebrate without a proper drink again.

hebben ontvangen. Ik ben toch wel
zoo blij voor Marietje dat het gekomen
is, elke dag als ze uit school kwam
vroeg ze of het pakje van Wim al gekomen
was, en iedere keer moest ik maar weer nee
zeggen. Toen ze Donderdag morgen uit school
kwam was hij er al en had ik hem ge-
haar kastje gezet, en toen moest je die
oogen gezien hebben, ze vindt hem heel
mooi en speelt er elke dag mee. Mag ik
je dus Annie er uit naam van Marietje
hartelijk voor bedanken? We hebben hier
op Koninginnedag groote feesten in Wim.
scholen gehad. De meeste straten
waren prachtig versierd, de Gossingel
niet te vergeten. We hebben hier de
derde prijs nog gekregen. (f 45).
Overal werden Buurtfeesten georganiseerd. Wij hebben het hier straks
ook nog weer, maar niet eerder dan
dat er weer een drupje in de flesch
te krijgen is. De mannen willen er
niet over op een ~~droogje~~ droogje bijzitten.
Hoe was het in Amsterdam? Ook feesten
gehad?

How did it go in Amsterdam? Did you have parties? In front of Hilly's house there was a big loudspeaker, all the young people were out on the street early, dancing away, Hilly included. Good job you weren't there Wim, it would have cost you a pair of shoe leathers. We heard from Breken that you could do with some potato coupons. We can send you those, because we don't use them, at the moment we swap them at the distribution office for other coupons.

Well Wim, this is the end of my chatting, I send you all best wishes from all of us and wish you all the best for the future.

Mrs. Perdon.

Bij Hilly voor 't huis hadden ze
een groote versterker, en daar was de
jeugd Zondag middag al vroeg op straat
aan 't dansen, Hilly niet te vergeten.
Goed dat je er niet bij was Wim
want dat had je minstens een paar
schoenzolen gekost.
Wij hoorden van Bruken, dat jullie
wel graag wat aardappelbonnen wilden
hebben. Die kunnen wij je wel sturen,
wij gebruiken de bonnen toch niet, en
nu zullen wij ze op het distributie-
kantoor wel even ruilen voor rantsoen-
bonnen. Nu Wim eindig ik mijn
praatje maar eens weer, met voor jullie
allen de hartelijkste groeten van ons allen,
en verder het beste gewenscht.

Wij Perdon.

Postscript

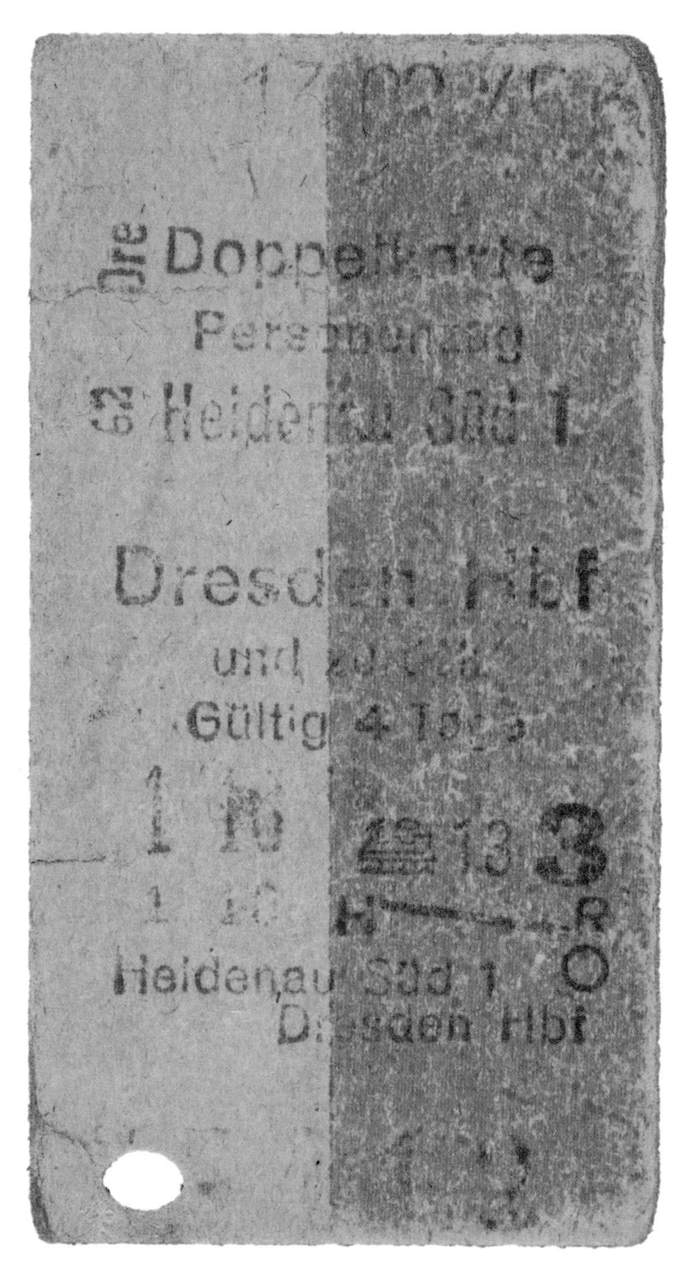

The train ticket. Return from Heidenau South to Dresden Main Station and back. Valid for 4 days, date stamped 13/02/45

"Why do you carry that old ticket in your wallet, Papa?"

I must have been about nine years old; a tall skinny girl with glasses. My father looked at me carefully, as if weighing up how much to tell me. After a while he said: "It's a train ticket, the return stub, I never used it and one day I am going to claim my money back." I caught his look and refrained from asking more. My father added as an afterthought: "It was in Germany." Ah Germany, I knew about Germany, having returned from there about two years previously. It had not been a good time for me.

When I was at secondary school learning more about the history of the Netherlands and about World War Two in particular, I ventured to ask my father again about his time away from Amsterdam, away from home. As I remember it now, he wasn't very forthcoming at first but then he told me just this one little anecdote. The thing is, I'm fairly sure that he did not mention the name of the place where this happened, and I didn't ask. He told me that once during that time, he had seen a queue of men and he had recognised one of them, a friend from Amsterdam. He walked up to the row of men, but before he could get to his friend, a soldier barred his way with a rifle, ordering him to stop or to be shot. My father replied that he didn't care, he just wanted to say goodbye to his friend. He was allowed through but when he reached his friend, he didn't know what to say. They locked eyes and held hands briefly; then he was shoved back with a rifle butt by the same soldier who had allowed him through and was ordered to move on. Knowing a lot more by then, I always found it hard to re-tell this incident without tears in my eyes.

Nearly sixty years later the German Government set up a German Forced Labour Compensation Programme and my father applied, having endured slave labour. He submitted his application on the 7th August 2001. It was a long and arduous process, but with his attention to detail, and with all the documentation he had kept, he persisted.

On October 23rd 2001 my parents gave my sister and I a diary which started on Tuesday 15th June 1943, recording the events leading up to the departure to Auschwitz, last entry 28th June 1943; it includes a report of the actual train journey and was written in pencil in very small writing. I treasure it together with the Dresden return ticket.

It was only then that I realised that he had been in Auschwitz and I asked him to write his memoirs for me. In all those years he had never uttered that word. His eyesight was failing; his typed manuscript was checked for spelling and organisation by my mother; page-by-page as he wrote it, with great effort, letter by letter. In his weekly phone call to me and my sister, he would tell me where he was up to; 'The Trek!' was of great importance to him. He handed the manuscript to me at Easter 2002, on one of my visits to Amsterdam. His eyes were so bad by then that when I asked him if he could see me, he said that I was a vague shape. That upset me; I didn't want to be a vague shape. I came closer and asked if he could see me now. He said that he could see my face; I wasn't sure if that was true. I sat on his knee and hugged him. We were in good spirits and happy that the memoir was completed. At the end of my visit he insisted on putting on his shoes and coming downstairs in the lift to wave me off. That is the last picture I have of him. He's standing outside the flat, smiling and waving, looking tall.
My father died on the 8th July 2002; one week before his 78th birthday. He was cremated on his birthday 15th July 2002. We drank champagne and ate smoked salmon and toasted his life. I miss him.

He also gave me an album with photographs; on the cover of

the album it simply says:

“A/Z. Ober-Schlesien Winschoten 1943 – 1945”

Those are the photographs that you see at the beginning of this book.

They were taken by Jeff, a Belgian journalist who Wim met whilst in Auschwitz. Judging by the quality of the photographs Jeff obviously had a good camera. His portrait is in the album. Most of the photos feature Wim, Jan and Carel, often carrying their instruments. Back in the Netherlands they had been members of the ‘Zinc Well’, so called after the zinc that was used in Dutch money during the war. Every weekend Wim and three of his best friends would leave Amsterdam and go walking in the countryside, busking as they went; hoping for a bed in a hayloft or if they were flush, a night in a Youth Hostel.

In June 1943 the permits issued by the Labour Office in Amsterdam for exemption to work in Germany were made invalid. The Labour Office was then in possession of all the addresses needed to send people to work in Germany. Going ‘underground’ cost about 40 Guilders per week, about the income of my father’s family. Going ‘underground’ was not an option open to Wim.

To avoid being picked up from the street or being collected from your home, to be send to Hamburg or Berlin to do heavy work for which you were not trained, there was another possibility. You could report ‘voluntary’ to the Labour Office and decide for yourself if the offered work and work place were acceptable. Wim and Jan concluded that this was the best course of action. Carel decided to come with them as well, but Ton’s parents weren’t convinced and he stayed behind in Amsterdam.

At the Labour Office a job was being offered for office workers at IG Farben in Auschwitz. The boys had never heard of this place before; in the atlas it appeared to be a small town in Poland in an area with mountains, so a nice place for their love of hiking. It did not seem a risky place at all; they were not informed of the fact that there was also a large concentration camp.

After my father died in 2002, my mother gave me the letters that she had found amongst his papers. I decided to translate the letters and make them part of his memoirs, together with many historical documents that my father had given me after completion of his memoirs at Easter 2002. A strange thing happened when I was translating the letters. Whenever I read one of my grandmother's letters I could hear her voice, but that didn't happen when I read one of my father's letters. However, when reading the memoirs I could hear his voice clearly.

The first translation of the letters wasn't very good; I had translated straight off from the original text without typing them up first in Dutch. So the next time I decided to type them up in Dutch first and then translate. It was the beginning of 2013 and I asked my mother if she would like me to send her the original letters' text, typed up and printed in a large font; to comment upon and just to read again. To my surprise she said that she hadn't read them and had passed them straight on to me because: "Letters are private and you are blood, I was just married on." She took the code of never reading someone else's letters unless invited to do so, to the extreme.

Anyhow this time my mother was delighted to read about the life of her husband before they met. Sometimes she would return the letters with remarks in the margins and answers to questions that I had asked. It was a good thing to do and we both enjoyed talking about the contents in our regular phone calls. Of course she had her own stories about the war; of which I have included one. My mother died that same year on 19th December 2013.

You will have noticed that there is a big gap between the letters. The last letter is from Anton, who writes from Berlin on the 14th November 1943. The next communication is the Red Cross telegram dated 11th May 1945. I know from my father's memoirs what happened during the time between those dates.

In September 1943 some carpenters at the camp Jaap and Jan had the idea to put on a Dutch cabaret performance. Before you could start on such a thing, you had to ask permission of the Nazi Party representative in Auschwitz, who had to make sure that you did not make any silly jokes about Hitler and Goering in the red light district in Amsterdam! Apart from Jaap and Jan, another inmate Ben Hovius did a lot of items on the program. My father and his two friends played their musical instruments and there is a photo of the three boys on stage with the Dutch flag behind them.

Wim remembered that after the cabaret performance there were many months of sad monotony and only after the 7 o'clock evening soup had been consumed, did the most interesting part of their day begin. He recalled that some people thought that the number of forced labourers in the camps in Auschwitz was 80,000; others thought less, some 50,000. The professions were mainly, tailors, cobblers, lathe workers, blacksmiths and office workers. The nationalities were Spanish, Italian, Polish, Czechoslovakian, Romanian and French. After work this colourful collection of people would be busy holding conversations in a language devised by themselves. One man would shout to another: 'Ich te donne dertig zloty par diese Schuhe!' (I give you 30 zloty for

those shoes!')
Wim made a deal of his own with an old coat of his Dad's which was so old it had changed colour from black to purple. His mother sent the coat to Auschwitz and Wim found a Polish tailor who specialised in the manufacture of ski jackets. He decided that the cloth was excellent, the lining was a grey check and offered Wim 40 cigarettes which didn't please Wim at all. After some haggling they settled for 4 packs of 25 cigarettes and the 'coat of Pap' was sold.

There is a postcard from a Polish family, in Zaoprze, with whom the three friends stayed at Easter 1944. After hiking in the hills they had played their guitars and banjo and this family invited them to stay the night. In the morning the boys had breakfast with the family and they had to share 2 eggs between 12 people. There was a funny Easter custom of spiking your egg portion on a fork, dip it in salt, then rub it against your neighbour's portion. Wim and his friends arranged with the farmer to return some day. But they never went back. In May 1944 their host sent them this postcard.

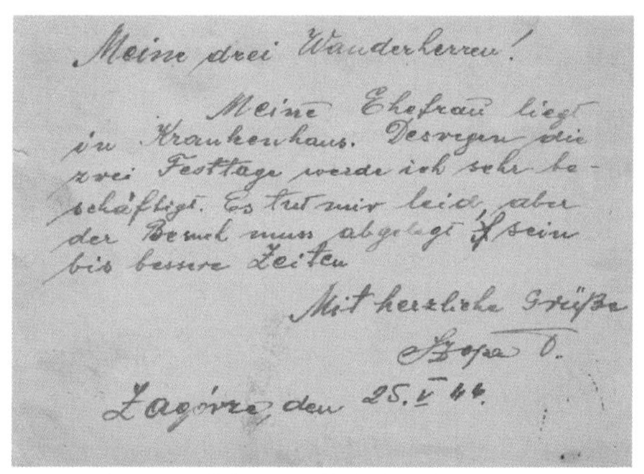

Meine drei Wanderherren!

Meine Ehefrau liegt in Krankenhaus. Deswegen die zwei Festtage werde ich sehr beschäftigt. Es tut mir leid, aber der Besuch muss abgelegt sein bis bessere Zeiten

Mit herzliche Grüße

[illegible]

Zagórze, den 25.V.44.

Front of postcard from Polish family in Zaoprze

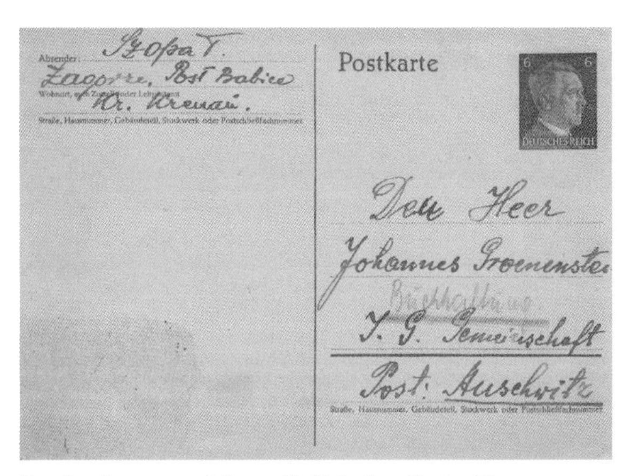

Back of postcard from Polish family in Zaoprze

His wife was in hospital and he would be very busy during the two feast days. He was sorry but the visit would have to be cancelled until better times.

Although there had been some hope of going on leave back to Amsterdam, for a while, that never happened and at the beginning of 1945 the Soviets advanced to the River Oder. The Germans still held the western half of Poland and their front was some 200 miles east of where it had been at the start of the war in 1939. During the occupation of Poland many farmers were driven out of their homes by the occupying Germans, who took over their farms; but now as the Red Army advanced these Germans were in a hurry to go west! Alice, my father's girlfriend, came to say goodbye because her family were leaving on a trek back to Germany. Wim saw this as an opportunity to leave Auschwitz in the general chaos which had started to ensue and to get back to Amsterdam. He 'borrowed' a typewriter, and on the back of his I.G.Farben contract he typed a marching order, 'Marsbefehl'. The order stated that every assistance were to be given to Wilhelm

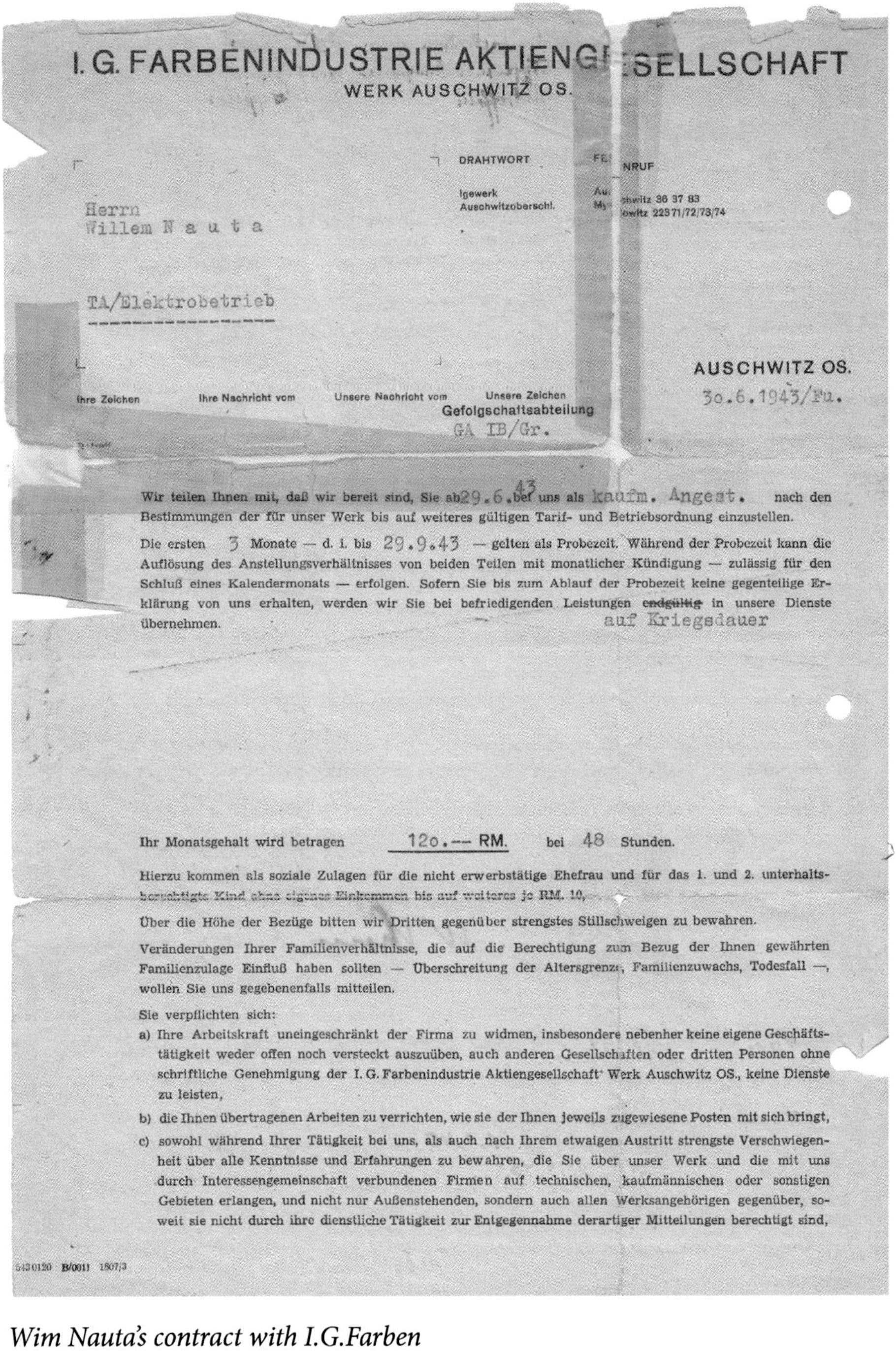

I. G. FARBENINDUSTRIE AKTIENG[illegible]SELLSCHAFT
WERK AUSCHWITZ OS.

DRAHTWORT
Igewerk
Auschwitzoberschl.

FE[illegible]NRUF
Au[illegible]chwitz 36 37 83
My[illegible]owitz 22371/72/73/74

Herrn
Willem N a u t a

TA/Elektrobetrieb

AUSCHWITZ OS.
3o.6.1943/Fu.

Ihre Zeichen | Ihre Nachricht vom | Unsere Nachricht vom | Unsere Zeichen
Gefolgschaftsabteilung
GA IB/Gr.

Wir teilen Ihnen mit, daß wir bereit sind, Sie ab 29.6.43 bei uns als kaufm. Angest. nach den Bestimmungen der für unser Werk bis auf weiteres gültigen Tarif- und Betriebsordnung einzustellen.

Die ersten 3 Monate — d. i. bis 29.9.43 — gelten als Probezeit. Während der Probezeit kann die Auflösung des Anstellungsverhältnisses von beiden Teilen mit monatlicher Kündigung — zulässig für den Schluß eines Kalendermonats — erfolgen. Sofern Sie bis zum Ablauf der Probezeit keine gegenteilige Erklärung von uns erhalten, werden wir Sie bei befriedigenden Leistungen ~~endgültig~~ auf Kriegsdauer in unsere Dienste übernehmen.

Ihr Monatsgehalt wird betragen 12o.-- RM. bei 48 Stunden.

Hierzu kommen als soziale Zulagen für die nicht erwerbstätige Ehefrau und für das 1. und 2. unterhaltsberechtigte Kind ohne eigenes Einkommen bis auf weiteres je RM. 10,

Über die Höhe der Bezüge bitten wir Dritten gegenüber strengstes Stillschweigen zu bewahren.

Veränderungen Ihrer Familienverhältnisse, die auf die Berechtigung zum Bezug der Ihnen gewährten Familienzulage Einfluß haben sollten — Überschreitung der Altersgrenze, Familienzuwachs, Todesfall —, wollen Sie uns gegebenenfalls mitteilen.

Sie verpflichten sich:

a) Ihre Arbeitskraft uneingeschränkt der Firma zu widmen, insbesondere nebenher keine eigene Geschäftstätigkeit weder offen noch versteckt auszuüben, auch anderen Gesellschaften oder dritten Personen ohne schriftliche Genehmigung der I. G. Farbenindustrie Aktiengesellschaft Werk Auschwitz OS., keine Dienste zu leisten,

b) die Ihnen übertragenen Arbeiten zu verrichten, wie sie der Ihnen jeweils zugewiesene Posten mit sich bringt,

c) sowohl während Ihrer Tätigkeit bei uns, als auch nach Ihrem etwaigen Austritt strengste Verschwiegenheit über alle Kenntnisse und Erfahrungen zu bewahren, die Sie über unser Werk und die mit uns durch Interessengemeinschaft verbundenen Firmen auf technischen, kaufmännischen oder sonstigen Gebieten erlangen, und nicht nur Außenstehenden, sondern auch allen Werksangehörigen gegenüber, soweit sie nicht durch ihre dienstliche Tätigkeit zur Entgegennahme derartiger Mitteilungen berechtigt sind,

5430120 B/0011 1807/3

Wim Nauta's contract with I.G.Farben

d) alle Ihnen während Ihrer Tät igkeit in unserem Betrieb anvertrauten Bücher, Schriftstücke, Drucksachen, Preislisten, Notizbücher und s nstige Geschäftspapiere, auch alle eigenen und fremden Aufzeichnungen über geschäftliche Dinge als E igentum der I. G. Farbenindustrie Aktiengesellschaft Werk Auschwitz OS., zu betrachten und diese Geger stände so sorgfältig zu verwahren, daß sie nicht in die Hände Unberufener gelangen können, sie auch, wi überhaupt alles Eigentum des Werkes ferner Ausweise und dgl. beim Ausscheiden aus dem Anstell ungsverhältnis unaufgefordert in der Gefolgschaftsabteilung, Angestellten-angelegenheiten, abzuliefern.

Wir behalten uns vor, Ihnen statt der Ihnen übertragenen Tätigkeit eine andere Tätigkeit zuzuweisen. Im Falle einer Versetzung innerhalb der I. G. gelten für das Anstellungsverhältnis jeweils die für die neue Arbeitsstätte allgemein gültigen örtlichen Anstellungsbedingungen.

Sie sind nicht berechtigt, von B trieben, Einrichtungen oder Verfahren, in die Sie durch Ihre Vorgesetzten nicht eingewiesen sind, Kennt...

Für das Anstellungsverhältnis sind im übrigen die Bestimmungen der jeweils für das Werk gültigen Tarif- und Betriebsordnung maßgebend. Sollten einzelne Bestimmungen dieses Schreibens späterhin mit gesetzlichen oder tarifvertraglichen Bestimmungen in Widerspruch treten und dadurch unwirksam werden, so erfahren die übrigen Bestimmungen dadurch keine Beeinträchtigung.

~~Während des Anstellungsverhältnisses gehören Sie der „Pensionskasse der Angestellten der I. G. Farbenindustrie Aktiengesellschaft Ludwigshafen a. Rh., Versicherungsverein auf Gegenseitigkeit", nach deren Satzungen an, unter der Voraussetzung, daß der Untersuchungsbefund Ihre Aufnahme gestattet.~~

~~Ferner empfehlen wir Ihnen, der Unterstützungskasse der Gefolgschaft der I. G. Farbenindustrie Akt...-gesellschaft Ludwigshafen a. Rh. beizutreten. Die Satzung der Kasse und Anmeldevordrucke sind in der Gefolgschaftsabteilung Angestelltenangelegenheiten erhältlich.~~

Die von Ihnen eingegangenen Verpflichtungen gelten nicht nur zu unseren Gunsten, sondern auch zugunsten unserer etwaigen Rechtsnachfolger.

Für etwaige aus dem Anstellungsverhältnis sich ergebende Streitigkeiten gilt, soweit jeweils gültige Tarifbestimmungen nicht entgegenstehen, der gesetzliche Rechtsweg mit Auschwitz OS. als ausschließlichem Gerichtsstand.

Wir bitten Sie, Ihr Einverständnis mit dem Inhalt dieses Schreibens auf der beiliegenden Durchschrift durch Ihre Namensunterzeichnung zu erklären und uns diese Durchschrift alsdann zurückzusenden.

Heil Hitler!

I. G. FARBENINDUSTRIE AKTIENGESELLSCHAFT

Nachstehend genanntes Gefolgschaftsmitglied befindet sich infolge Räumung auf dem Wege zur Auffangsstelle in Niedersachswerfen (Südharz) Nauta, Wilhelm ...... Alle Dienststellen und Behörden werden gebeten, ihn ungehindert reisen zu lassen und ihm im Notfalle Schutz und Hilfe zu gewähren.

Marschverpflegung wurde ab 21.1.45.. nicht erteilt. Das Wirtschaftsamt wird gebeten, ab 21.1.45... Urlaubsmarken auszuhändigen.

I.G. FARBENINDUSTRIE AKTIENGESELLSCHAFT.

TA-EL i/a

The back of Wim Nauta's contract with I.G.Farben; at the bottom is the marching order (Marsbefehl) which he typed and filled in himself prior to joining The Trek.

Nauta and to supply him with ration vouchers. The Marsbefehl is dated 21st January 1945 and signed by Gevelmann, one of the men in charge at I.G.Farben, Auschwitz. It is obvious to me that this signature is in my father's handwriting, but it worked for him!

In his memoirs my father writes about this episode of the war as a significant event, which enabled him to get out of Auschwitz, back into Germany and from there to the North of the Netherlands, I include an excerpt here.

The Trek!

There were about 30 big wooden wagons with a horse each, advancing in a long line through the snowy landscape. It was bitterly cold, Wim wore 2 pairs of gloves and thick clothing, but in spite of that, the trek would halt from time to time so that people could rub their hands and stamp their feet. There was enough food at the farms where they had their breaks and each time they got amazingly thick sides of bacon against the hunger.

The woman whose wagon Wim drove, had not introduced herself and did not seem to be in the habit of doing so. Wim followed her example so that they did not know each other's name. This way there was no conversation which was awkward. The woman was well wrapped up, sitting on a mattress on top of the wagon; she let the snow covered world pass her by. However, late in the afternoon there was a short conversation. She sat up and said: "The horse is called Bubi! When you have to stop, you've got to call: Prrrr!" This was useful information to Wim who had never managed a horse and cart before. This had been the condition for being allowed on the trek.

The trek leader had estimated how far the trek would advance each day and had made arrangements with the farmers in the neighbourhood to house the trek for the night. When it was the turn of Wim's wagon he was shown the way to the farm. It was not far. They took Bubi's harness off and the woman took him to the stable. Then they got soup and were shown their places to sleep for the night; men and women had separate places. Early the next morning, Bubi was not in a good mood and Wim, whilst putting on the horse's harness got kicked in the stomach and flew in a large arch through the air through the open stable doors and landed in a pile of stiffly frozen manure!

On the 5th of February the trek arrived in Steinberg, Germany (nowadays in the Czech Republic, Steinberk) and Wim having run out of cigarettes went with his Marching Order to the distribution office there. The clerk behind the counter asked Wim to wait for a moment and after about 10 minutes the door opened and a German soldier entered. He ordered Wim to come with him to the Whermacht Kazerne (air force barrack). This did not bode well. The soldier took Wim to his officer who asked to see his papers and Wim gave him his Dutch passport. The officer turned the pages and then said: "You are a Dutchman. You're not allowed in the Volkssturm!"

The German Home Guard had been formed to defend the Third Reich and was made up of conscripted able German males between the ages of 16 and 60 years old. If the officer had been a Nazi and not kept to the Geneva Convention, Wim would have been sent to the trenches waiting for Russian tanks with a hand held stick filled with explosives. Pulling at the bottom end of it activated this crude contraption; a so-called 'Pantzerfaust', a tank fist. It was a true Ascension Command! (As in Holy Ascension, in other words a command which could not be survived.)

My father answered: "That's a shame, I was really looking forward to that!" A big grin appeared on the officer's face. "Away with you, Dutchman!" he said. Two seconds later Wim was outside again. He went back to the distribution office, where the clerk behind the counter looked at him in amazement. "I'm back again for my ration coupons and this time get a move on!" Wim said. "You've already taken too much of my time!" The clerk asked him to wait again and picked up the phone. It was a short conversation. "Yes, of course," he said. After 5 minutes Wim was outside with his coupons.

In the meantime the Russians advanced ever more. The day before, the trek had been attacked by 2 Ratas, small aircraft. According to rumours in the trek, a horse and a woman had been shot dead. The trek continued and they arrived in Maris Schonberg on the 11th February 1945. Here Wim said goodbye to Alice, because the trek took a different direction eastwards. Wim bought a ticket from Marisch Schonberg to Niedersachswerfen, well into Germany.

On the 13th of February 1945 Wim bought a return train ticket to Dresden. He arrived in Dresden at the end of the morning and went straight to the waiting room because he knew that there were often women handing out soup. As usual there were a lot of Dutchmen in the queue. He met up again with Jan and Carel and another Dutchman Ufar.
It was very important that you had papers to show that you had a job as well as your usual ID papers; you would risk being sent to the front or prison without them. The others had another job already from the Labour Exchange; they said it would be no problem if Wim were to try for a job with the same machine factory. All four boys left the station via the platform where there was a train about to leave. Most passengers were officers and soldiers from the 'Whermacht', Air Force; there was also a group of anti-Nazi Germans who

were being sent by the various Labour Offices to Auschwitz. These men sang their own song about being sent to a place where they didn't speak the language and no birds sang. They cursed the Labour Exchange for sending them to this place to do their war duty, where they had to go through mud and filth to do their work. Slowly the train started to move away. It turned out to be the last train out of Dresden for a while.

Wim went to the Labour Exchange where he got a labour card for the machine factory Lehmann in Dresden-Heidenau. The barracks of Lehmann were in a square in Dresden, in the attic of the factory; Wim found a big difference with the barracks in Auschwitz, not bunk beds with a few blankets, but a normal bed with sheets and blankets. After their busy day they were all very sleepy, Ufar switched off the light and soon they were fast asleep. In the night they were woken by the air raid siren. They quickly dressed and went down to the cellar. The first bombs fell, but not nearby. After a while they heard the 'all clear' siren and they went back upstairs. At about 5 o'clock there was another alarm and this time the bombs dropped scarily nearby. They crawled under the table, but there was only room for 3 people. Ufar struggled until he ended up underneath Wim! This time there was no 'all clear' siren. The electricity had been cut. They waited until they heard no more bombs drop, then they went outside.

The first thing Wim saw was a dead horse lying on the pavement. The house next door was on fire. The inhabitants were taking their furniture outside and Wim and his friends helped them to get it all out. They debated what to do next. It was clear that they had to leave Dresden as fast as possible. They made their way towards the Elbe. Dresden was a big, smoking rubbish heap. The anti-aircraft gang had made little paths where possible, between the debris. Along these paths they arrived at the river, but they didn't know what was safer; to stay on this side or to go over the bridge, which miraculously had hardly been damaged. They decided to cross the river. At the other side they walked down the steps, to get to the sandy riverbank. Under the arches they saw an unbelievable amount of dead bodies; people who had lost their lives during the bombardments. When Wim saw this he became very frightened and realised that it would only need a bomb fragment or a splinter of the anti-aircraft fire, for him to end up amongst these victims.

They were walking along the river's edge, when they heard the buzzing of aircraft up high. From the bombardments on Auschwitz, Wim had heard about the theory that a second bomb never falls in the same place. So if you were too late for a shelter, you had to jump into a bomb crater, stand to the side and hope for the best. The three friends put this theory into practise and ran from crater to crater.

Wim commented in his memoir about the bombardments on Dresden that there was no sense in bombarding Dresden; in February 1945 the war had been won. There was no need to make a beautiful city like Dresden into a twisted heap of rubble.

At the station and surrounding areas there were several thousands of refugees from the East, few of whom survived the attack. The boys decided to walk back to Dresden and the Lehman machine factory; they found out that the work they had signed up for was in Heidenau, not far from Dresden. They went there after about three days when the trains were running again; at the station the Germans had displayed a large banner which read:

"Raeder mussen rollen fur den Sieg!"
(Wheels must turn for the battle!) An optimistic sentence from the Nazis, Wim thought.

In Heidenau they reported to the porter of the Lehman Motor Factory. They were directed to the barrack leader, who took them upstairs to their latest barrack. The next morning they were in the work place in good time. There was a foreman and some 5 older men who were bench workers. The foreman introduced them to the others and they were shown their places at the work bench. The foreman told them that the job was to file down a piece of rough iron. The working hours were 7 to 12, with an hour for lunch, finishing at 5 in the afternoon. It was a heavy and monotonous job and they were very unhappy about it. After the first day they complained to the foreman. He understood their predicament; he shortened the work hours by a couple of hours and extended their lunchtime by an hour, but more than that he couldn't do.

After about 2 months the boys wondered how they could escape from this, in their room they contemplated what to do. Ufar had a girlfriend, a typist, who he thought might be able to type them a marching order, Marschbefehl, for the four of them. Indeed, that worked out. The next day they managed to get off a bit earlier and back in their room they put on as many clothes as possible because taking luggage was out of the question. With the marching order document they were able to buy 4 railway tickets. On the document Ufar was named as Journey Leader, the end destination was Leer in East Friesland.

The train left, rather full, and they had to stand in the gangway. In Leipzig they got off, they had had no breakfast and were quite hungry. They found a baker and in another shop bought a pot of jam. They had their late breakfast on a park bench and then went back to the station. They waited for the next train for quarter of an hour and when it arrived it was packed full with mainly soldiers and a few officers. They sat on the floor; after a while the train stopped, there were aircrafts coming. Everyone had to leave the train and find shelter in a

field. The train was shot at, after which the aircraft changed direction. These attacks were repeated several times that afternoon. Later Wim heard that the English troops were busy that day closing ‘a pocket’ around the area. Towards the evening the train slowed down. It had turned dark; aircraft for such a small target were no longer expected. But just to be on the safe side the train drove without light. Slowly the train struggled on in the dark. On board all passengers were sleepy and it did not take long before everyone fell asleep.
At daybreak things livened up in the train again. Everyone wanted to know where they were. It turned out that the train would arrive towards the end of the morning in Leer. That was about right, at 11 o’clock the train arrived at Leer station. That part of the journey was behind them. During the night, Wim had managed to nick a large sausage out of the luggage rack which they divided between the four of them. That was all they had eaten since the delayed breakfast in Leipzig.

Leer, literally translated into Dutch, means empty. Leer was anything but empty. The streets of Leer were full of people transporting food, including vats of butter. Hand wagons, wheelbarrows and even prams were being used. The authorities of Leer had decided to give everything away to the people, so that the English would not get their hands on it! Wim and his friends observing all this concluded that it must be possible to find a restaurant where they could eat even though they had no money nor food coupons. They did indeed find such a place and ate for free. After that they returned to the station to enquire if there was a train to Nieuwe Schans (nowadays Bad Nieuweschans). They were lucky; around 3 o’clock a very dilapidated Dutch train arrived. The trip from Leer to Nieuwe Schans did not take long. From the station in Nieuwe Schans they walked along the canal to Winschoten, across the border, via no man’s land and at 4 o’clock they were back in the Netherlands!

Wim and his friends were soon noticed in the quiet streets of Winschoten, a man addressed them who wanted to know more about them. The boys had seen no Germans in Winschoten, so they talked without worries to the man. He took them to some sort of club building where they got coffee and sandwiches. The man meanwhile informed his fellow underground men of the boys' arrival; they were then divided amongst four underground addresses; Wim was sent to the Perdon family, husband, wife and a young daughter about four years old. Wim was shown into a cosy little room, with a fantastic bed and in the morning he ate a big, delicious pancake for breakfast. Mrs Perdon said that a pancake would be his regular breakfast, because bread was scarce. Later in the day Wim got a new ID card stating that he was employed by the 'Nederlandse Heide Maatschappij' (Dutch Land Exploring Company) as a peat digger. A likely tale, he never saw any peat.

A few weeks later, late at night the bell rang at the Perdon's house. Mr Perdon went to open the door and Wim went with him. Outside stood a German Field Officer and ten German soldiers. The officer wanted Perdon to take them to Nieuwe Schans, in Germany, but Perdon did not understand any German. Wim took over and said that he would take them to Nieuwe Schans. "Sagen Sie ihre Leute, das sie sich hinter einander in einer Kolonne aufstellen," (Tell your people to make a column one behind the other,) Wim said to the Field Officer. Then they went on their way. They had to cross a small square in the dark; Wim told the Field Officer: "Lassen Sie Ihre Leuten warten, und Sie sollen sich still halten! Wir zwei gehen zuerst!" (Tell your people to wait and they are to be quiet! We two are going first!) They crossed the square and the others went next. When they got to the bridge over the canal, they repeated the manoeuvre and then turned left, in the direction of the border. There was a farm halfway; Wim told the Field Officer to order the farmer to escort them to the border, then Wim turned round and walked back. The family Perdon were glad to see him back again!

The next day Winschoten was liberated! The Poles came first with tanks and infantry. They were in a hurry to get to Germany and passed very quickly through Winschoten. Then the Canadians arrived, they settled in at Winschoten and the first thing they did in their field kitchen was to make tea! Everyone came to the kitchen and the Canadians distributed big mugs of tea. Children got chocolate and adults asked for cigarettes. These were handed out at once, Woodbines, in packets of ten.

Wim spent another two months away from home, waiting to be repatriated and remembers that during the general party atmosphere he fell in love with a girl from Winschoten; they both knew it wouldn't last, but it was nice whilst it did. Ufar, was no longer with Wim, Carel and Jan, he had probably gone to family in Friesland. For the time being the boys were allocated to the National Battle Forces to guard the bridge in Winschoten. This gave them a good line of communication with the Canadians, who promised to let them know, in good time, when transport to Amsterdam was possible.

Before Wim finally left Winschoten to return to Amsterdam, he asked his Canadian friend Mc.Tamaryn, who was on duty at the border crossing in Nieuwe Schans, if he could procure him some packs of cigarettes that were confiscated from the Germans. Mc.Tamaryn said that that was no problem; the Canadians confiscated everything from the German prisoners of war passing through Winschoten; all bicycles, but also watches and jewellery. Although of late, the German harvest had not been so good, the Germans were aware of the confiscating and threw everything away alongside the road. The children in the area would hurry to that particular stretch of road to collect everything the Germans had thrown away, including silver guilders and two and a half guilder pieces.

Finally the time came for Wim to return to Amsterdam; he remembered it well. On the morning of his departure he said goodbye to the family Perdon and thanked them for their hospitality. He also took his leave from the girl in Winschoten! The first part of the journey by Canadian lorry got them as far as the area around Groningen. Before he left, Wim gave Mc.Tamaryn his address in Amsterdam; he promised to look him up. The Canadian lorries drove fast, yet progress was slow; this was because Wim and his friends had to change from lorry to lorry and sometimes they had to wait for hours for the next one. Finally, at six o'clock the following morning, they drove into Amsterdam. They were deposited at the Oranje Nassau Barracks. The city and her inhabitants looked shabby. There were no trams; he had to walk to the Bloemgracht! On the way he saw people trying to dislodge the tarred blocks of wood from between the tramlines, to use for fuel in their emergency stoves.

On the 12th of June 1945 he put his key in the lock of the door of Bloemgracht 180 and climbed up the steep stairs. Wim was home again!

Everyone was still asleep, but they soon woke up and there was much rejoicing with Mam, Pap and Annie. They had so much to tell each other. Wim had brought coffee and Mam was pleased with her cigarettes! Wim went upstairs to his attic room and there was a surprise waiting for him. Mam and Annie had bought him a beautiful oak desk and office chair. It was a wonderful home coming present!

A few days later their old friends, Greet and Riekje Bloemers came to visit; and an hour later the bell rang and there on the doorstep was Wim's Canadian friend Mc.Tamaryn.

He brought tins of corned beef and a few packs of Camel cigarettes. Shortly after that Mc.Tamaryn had to return to Canada and Wim never saw him again.

Greet and Riekje had brought their friend Anne Fredriks along. The girls had known each other for a long time but Wim had never met Anne; all Anne knew about Wim was that her friends talked about him as 'that boy with the big feet, who always wore sandals held together with string.'

Greet had been involved with the Amsterdam 'undergound' movement. She had helped to save Jewish babies who were left in the basement of the Stadsschouwburg, a big theatre in Amsterdam. The babies were left there by desperate parents trying to save their children from deportation. On instructions of the Dutch 'underground forces' Greet would collect a baby and take it to an address of a non-Jewish couple who brought the child up as their own. These children came with no history nor name; the less couriers like Greet knew, the better it was in case they were caught.

During the Dutch famine of 1944, known in Dutch as de Hongerwinter, the three girls had been on an expedition to try and find food for the two younger Bloemers sisters who were not as robust as the older ones and were getting thinner and thinner through lack of food. The famine affected all of the Netherlands North of the Rhine, which were still occupied.
After the landing of the Allied Forces on D-Day the Allies were able to liberate the southern part of the country, but their liberation efforts came to an abrupt halt when Operation Market Garden, their attempt to gain control of the bridge across the Rhine at Arnhem, failed. After the Dutch national railways complied with the exiled Dutch government's appeal for a railway strike starting September 1944 to further the Allied liberation efforts, the German administration retaliated by placing an embargo on all food transports to the western

Netherlands. By the time the embargo was partially lifted in early November 1944, allowing restricted food transports over water, the unusually early and harsh winter had already set in. The canals froze over and became impassable for barges. Food stocks in the cities in the western Netherlands rapidly ran out. The retreating German army destroyed docks and bridges to flood the country and impede the Allied advance. As the Netherlands became one of the main western battlefields, the widespread dislocation and destruction of the war ruined much of its agricultural land and made the transport of existing food stocks difficult. The areas affected were home to 4.5 million people.

The black market increasingly ran out of food as well, and with the gas and electricity turned off, everyone was very cold and very hungry. In search of food, people would walk for tens of kilometers to trade valuables for food at farms. Tulip bulbs and sugar beets were commonly consumed. Furniture and houses were dismantled to provide fuel for heating. From September 1944 until early 1945 the deaths of 18,000 Dutch people were attributed to malnutrition as the primary cause and in many more as a contributing factor.
My mother, Riekje and Greet set out on three bicycles. The tyres of the bicycles had long since been confiscated by the Germans and to even possess a bike was to be lucky; improvisations had to be made. Anne's bike had solid tires, Riekie cycled on the metal rims only, and Greet had a very ingenious system that her father had made for her which consisted of two pieces of bent wood with springs in-between the wood, which in turn were attached to the metal rims. During that time it was impossible to buy food from the farmers, they had money and were not interested in money, only in goods to be exchanged. The girls did not have anything to exchange but they were desperate to get food for the two little sisters and were prepared to take a chance; some farmers would give food away to the city dwellers.

Riek, Greet and Anne were given potatoes and grapes, which had been grown in greenhouses and also marrow bones for making soup.

On the way back to Amsterdam a lorry stopped to give them a lift. It was getting late and there was a curfew, so they decided to accept the lift. The lorry was driven by the 'underground' organization and had several men in the back. The girls knew better than to ask any questions and they and their bikes were helped into the back.

Shortly before Uithoorn, a small town about 30 km south of Amsterdam, the lorry stopped and the men said that it was too dangerous for them to continue travelling in the lorry. Anne, Riekje and Greet got out and the lorry carried on in the direction of Uithoorn. From a distance they could see the lorry reach a bridge, then they heard shots and an explosion; just before the bridge the lorry was ambushed by German soldiers.

The girls continued towards Amsterdam. On the way they were stopped by some German marines who were kind to them and warned that at the ferry back to Amsterdam Centre there was an inspection and all food was being confiscated. The girls decided to turn back and leave the food with family in the countryside; then they continued on their way again with only the grapes. The next day Greet returned to collect the rest of the food.

Riek, Greet and their two younger sisters all survived the war.

In his memoirs my father writes about a very beautiful girl, Anne Fredriks, who was friends with the Bloemers sisters. Wim fell deeply in love with Anne and they were married in Amsterdam on the 1st of May 1947.

Greet Bloemers, Annie Fredriks and Riekie Bloemers in Utrect 1944

Next page (top): Wim and Anne in their first home, two upstairs attic rooms on the Bloemgracht, Amsterdam 1948. Also in this photo the two friends Jan Groenenstein and Carel Uriot who were in Auschwitz with Wim; also Greet Bloemers and other friends

Next page (bottom): Wedding of Wim and Anne, Amsterdam Townhall 1st May 1947. fr. l. to r. Willem Nauta sr, Annie Nauta, Helena Nauta, Wim and Anne, Annie Fredriks, Ali and Ton Wareman, Beppie Hendriks, Riekie Bloemers, Opoe de Waard (mother of Helena Nauta-de Waard), Pieter Fredriks

Following page: Wedding photo of Wim Nauta and Anna Margaretha Fredriks 1st May 1947

On the 3rd of May 1949 I was born.

Many stories were told in my family, especially by my paternal grandmother, Big Oma, so named on account of her height, a family trait passed on to her son, daughter and the grandchildren too. Big Oma had many books. They were kept in the balcony room of the house on the Bloemgracht in Amsterdam. Some of the books were very high up and I had been told that I would have to wait till I was older before I could see them. 'Too awful,' Big Oma had said, pulling a distasteful face. Bloemgracht 180 4th floor was where I spent the early years of my life. My family had two attic rooms; one that belonged to Big Oma and Opa and another donated by a family that lived in the same house. Each floor had an attic room which in the main was used for coal and other storage. Big Oma, Big Opa and Auntie lived on the third floor, two steep staircases down, which I had mastered at a young age. My mother worked part-time and would gladly entrust the care of her daughter to her in-laws.

Even when my mother was in, as a two year old I would make my way down to Big Oma. On one occasion one of the carpet runners holding the stair carpet down became undone. I picked it up and carefully poked it into another hole, which happened to be an electrical socket. As the lights went out, everyone came running and I sat there looking dazed; a black mark on my palm. After that the attic door was kept locked.

Those years at the Bloemgracht had been very happy years for me. The only grandchild, I was treated like a princess. My aunt who was unmarried at that time, still lived at home, she was a travelling pedicurist; visiting people's houses, carrying a special brown bag that held the tools of her trade. Years later that brown bag was given to me and I had it for many years.

Annie, Wim, Helena Nauta, on the balcony of Bloemgracht 180, Amsterdam 1940

Next page: Engagement photo of Helena de Waard and Willem Nauta sr. Amsterdam 1922

Following page: Helena and Willem Nauta sr in Amsterdam 1953

Pieter Jacobus Fredriks on his 50th birthday Amsterdam 1951

Opposite: Anne Fredriks-Hendriks Amsterdam circa 1935

Handbill advertising The Freddyani's Trapeze Act, Amsterdam circa 1922

Nothing was too much trouble for them; my aunt peeled the skins of the segments of mandarins and held the fruit out to me and I only had to open my mouth and take the flesh off with my teeth. My food was carefully prepared, the meat cut into pieces just the right size; I was shown the correct way to hold my cutlery and eat with care, use a napkin, no elbows on the table. Big Oma and Auntie had all the patience in the world and took all the time that was needed to teach me these and many other skills. I learnt to play cards, holding them in a fan in my right hand, picking them out with the left, like Oma had shown me. It was only years later, when another player questioned me that I realised that because Oma was left-handed, I now too played like a left-handed player. However, I always work right-handed when doing embroidery and crochet. Which just goes to show that ambidexterity is maybe not such an unusual ability and could be a learnt skill.

I never forgot all this love and kindness; and when my time came to be a grandmother, I gladly took on that special role of loving instructor; in that phase of one's life when there is time available again, after all the rushing about that comes with bringing up a family.

My mother's parents' hobby was an unusual one they were trapeze artists but changed their act after my mother's birth to performing with animals and acting as clowns. But before that they very much enjoyed their time in variety theatres across the land and even had plans to go to the United States, until the unplanned pregnancy and eventual birth of my mother, changed all that. Their trapeze act had a very daring part to it. In those days the use of safety nets was not compulsory. There was a 'dare' amongst the trapeze artists to do the treble leap known as the 'salto mortal', the leap of death, without a safety net. My grandmother was the first woman in Europe to accomplish this and live to tell the tale!

Whenever my courage fails me I think of that to make myself go on.

They continued with their clowning act for some years though, and my mother remembers how very popular her parents were with the children who came to watch them. It was the classic 'Pierrot and the Stupid August' routine. On one occasion the children invaded the stage and tried to pull down the wide trousers my grandmother was wearing!

My maternal grandparents both came from large families. My grandmother, Little Oma, a great seamstress, was always dressed in a very chic way. She was a business woman, long before the emancipation of women and ran her own coffee house in the city of Amsterdam during the 1930's. As a child she had been living in either very poor or very comfortable circumstances. One of 14 children, she would be sent to a childless, wealthy aunt, whenever money was so short that it was hard to feed another mouth. The aunt that Little Oma went to would fuss and spoil her; thus giving Little Oma a taste of a much better life; one to which she henceforth aspired.

My grandfather was known to me as, Opa of Chais; I had named him after the first dog that he had, that I remembered. The dog, a German shepherd, was called Caesar, but as a young child I couldn't say that word and it became Chais. My great grandmother's name was Anna Margaretha Hubeek and my mother was named after her. After his acrobatics career was over Opa of Chais trained dogs for a hobby, following the same techniques as a group of police dog handlers, of which he was an honorary member. His main job was as mechanical engineer on a revolving railway bridge across the North Sea Canal.

Dorli Nauta, 1953

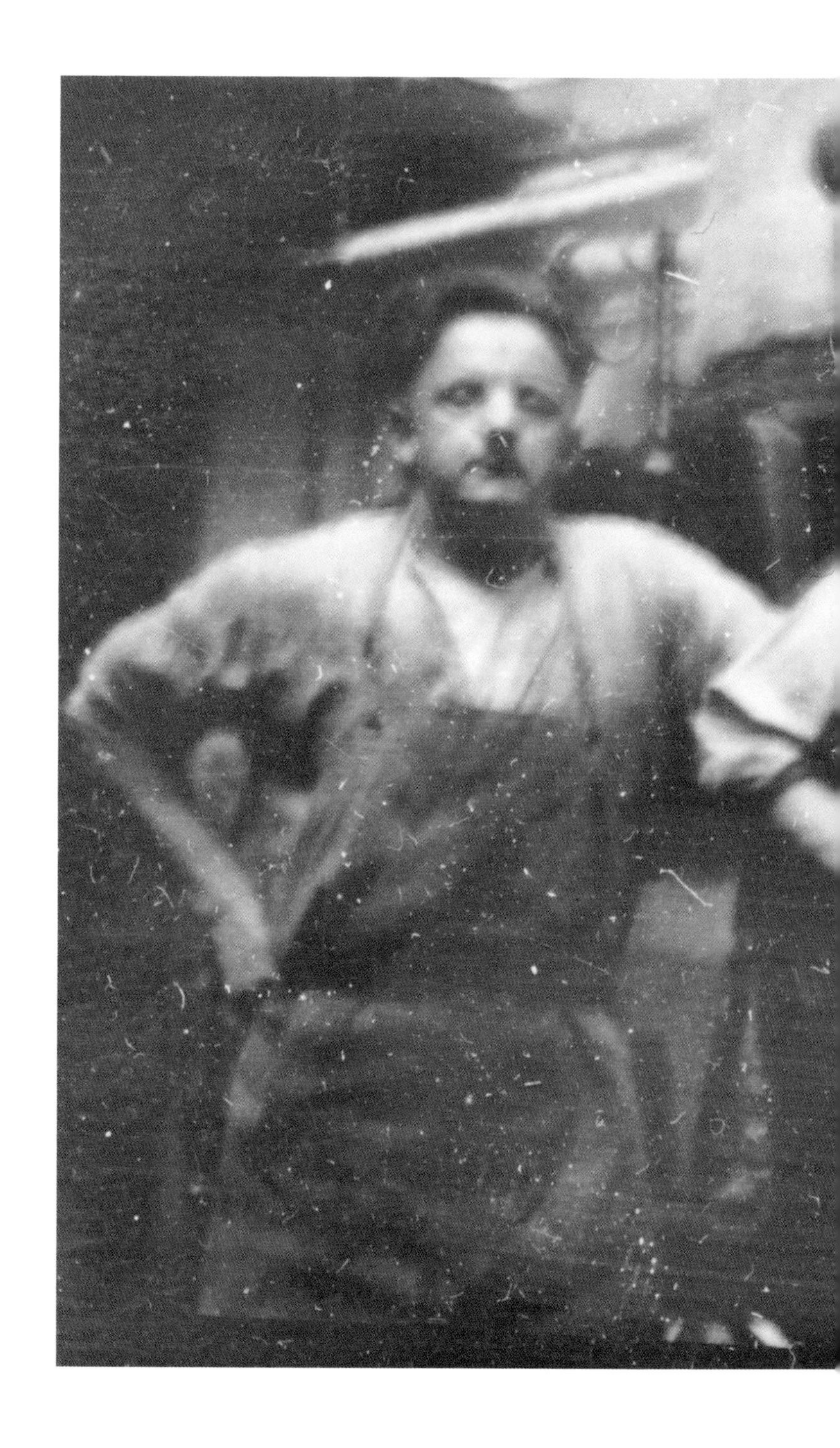

Willem Nauta sr. on the right at the Klene sweet factory, Amsterdam 1938

My father's father, Big Opa, came from Friesland and had been living in an orphanage in Sneek following his mother's suicide; she jumped into a well, possibly through post-natal depression and despair at having another child to bring up.

My father's mother, Big Oma had to leave school at twelve years old, even though the headmaster had come round to her house and pleaded with her mother to let her stay on until she was fourteen. But Big Oma had to go out to work as a maid for a wealthy family on the Heerengracht. She taught herself by reading voraciously and eventually at nineteen years of age she became an assistant nurse in one of Amsterdam's hospitals. By this time Big Opa had left Sneek, the town in Friesland where the orphanage looked after you until the age of sixteen. After that the authorities would find you a job and lodgings – and that was that. You were on your own. Big Opa's job took him to Amsterdam to start work at Klene, a big sweet factory. Both he and Big Oma sang in a choir and that's how they met. Big Opa was eventually in charge of three huge kettles, boiling sugar all day long. As he rose through the ranks, and with his wife's encouragement, he started a trade union in the factory and spoke at meetings, urging the workers to unite and campaign for better working conditions and wages. He was also the inventor of a substance that was added to the boiled sweets mixture, to stop them from sticking together, something the rival sweet makers did not have and which made the company Klene a lot of money.

My happy childhood time on the Bloemgracht came to an end when we moved to Germany. Before the war Wim was friends with the brothers Pelz. One of them was in the 'Underground' and one day he had left home and never returned. The other brother and the parents all survived the war. Before the war Mr.Pelz had been lucky enough to save his money by putting it in a Swiss bank. He was now ready to start over again and asked my father to set up a felt hat factory in Cologne. It was an opportunity of a good job.

Wim went ahead with his friend Henk de Boer to find premises. Cologne had been heavily bombed and was slowly being rebuilt. My father was away for nearly a year and my mother got fed up being on her own with a young child. She gave him an ultimatum: "Find us somewhere to live so that we can be together or consider the marriage over." Wim soon found a house to rent in die Altenberger Domm Strasse, in Schildgen, a small village south of Cologne. In the summer of 1952 we moved. It was a terrible wrench to be separated from my beloved grandmother and aunt; I found out much later that they too had been very upset at this turn of events. Thinking about it now it must have been awful that Wim went back again to Germany; taking his young family with him.

Anne Nauta-Fredriks with her two daughters Dorli on left and Joke in Schildgen, Germany 1955

I have quite a few memories of my time in Germany; the overwhelming feeling of being an outsider and unwelcome is the one that I can easily recall at any time.

We had a rule regarding which language to speak. It was quite simply that Dutch was spoken inside the house and German outside the house. This way my parents and I conversed in Dutch and German and after about 6 months I spoke German with a Cologne accent. As a method for learning a foreign language it was a good one.

My father was always busy with the factory and I didn't see that much of him. He and Henk had the idea of starting up their own factory one day. In the evening when the factory was closed, they would practise their skills of pulling felt to make into hats. Although I made very few friends in the village I remember the adults that were kind to me. One of them was the wife of the sawmill owner in our village; she had no child of her own and would give me a big hug whenever she saw me. She had a very large bosom and would press my head in between her breasts and hold me strongly. I remember well that after a while I had worked out that I had to take a deep breath before she held me, breathing was impossible!
One day I had to stay the night in the house of the sawmill owners for a reason I cannot remember. The bedroom was very sparsely furnished with, in my child's eyes, a very large bed with an enormous eiderdown and at the head of the bed, on the wall there hung a large crucifix. Before I came to Germany I had no experience of religion and had never seen the pitiful sight of Jesus, bloodied and exhausted, on the cross. To me it was the stuff of nightmares. I was told that Jesus was our saviour. How could that possibly be? Looking at the crucifix it was clear to me that he was in big trouble and that he was in no position to save himself, never mind anyone else. However, the crucifixes were everywhere and I remember thinking that an awful lot of people were hoping to

be saved by him. Being a lonely child with a big imagination, I soon set up my own imaginary play of 'Saving Jesus'. I made a cross and put a ragdoll on it and set about saving Jesus. It was a play I often repeated, making it more and more elaborate with red ink on the hands and feet and side of the doll. At the end of the play, I always put Arie Bombarie the doll back with the others, with the cross underneath the pile.

There were many festivals that were often celebrated with a parade. During one parade there was a frisky horse that kept on rearing up. People got a bit frightened and my mother who was pushing the pram with my little sister Joke in it, said to me that should the horse bolt, she would run as fast as she could with the pram but would be unable to take me. Therefore she proposed to throw me over the hedge and I was to make myself very small and stay still until she returned! Fortunately the rider regained control and I wasn't thrown over the hedge.

Very occasionally we would go out as a family especially when there was snow. We would go into the nearby woods with a sledge and built a snowman. There were many fir trees growing there and I remember how Big Opa once uprooted one for a Christmas tree. It was during one of my grandparents' visits when my mother was pregnant with my little sister. Opa pulled and pulled at the tree, which was on top of a small hill, until the tree finally gave way. Big Oma had already cautioned my mother to move away from the bottom of the hill a bit, because 'you never know with that man, Anne'. It didn't look as though Opa could possibly harm my mother from that distance, however, when the tree did give way, down rolled Opa, tree and all and landed on my mother's feet! I remember thinking this was very funny and started laughing loudly, but no one else joined in, so I stopped.

I like German beer and had my first taste sitting on top of the bar of the local café in Schildgen. My father had taken me there, for reasons unknown to me, but there I was and everyone was encouraging me to 'bite foam'. The beer came with a 'cufflink' of foam and I was allowed to bite into it. I found it a bit of a strange thing to do; the taste was bitter but not unpleasant. Everyone laughed and there was some clapping, but next thing my mother came in and she wasn't pleased at all. I remember hoping we would all stay, but that didn't happen! My mother and I went home and Papa just stayed on for a while.

Before I went to the village school I was given a book called 'Struwwelpeter'. In it were a lot of quite scary stories and although I couldn't read them yet the pictures were very vivid involving all sorts of tales about children who didn't do as they were told. There was one about a girl playing with matches that ignite her clothes and ultimately burn her whole body; all the while the two pet cats in the story are wailing and warning her. In the last picture only the girl's shoes are left; one on each side of a pile of ash, with the cats crying. Lessons about behaviour were hard in Germany.

Schildgen was only a small village and everyone knew each other. Our house was rented from the family with whose house we shared the front yard, giving onto the road. Just to the left was the baker's shop, one of my favourite places. The window display was always very enticing, especially around Christmas time. From the Grimm fairy tales I knew the story of the gingerbread house; Hansel und Gretel. One day to my delight there in the window was a real gingerbread house! The grandparents were coming for Christmas and what better present to give them than a gingerbread house each. I went back home and emptied my piggy bank, which was in the shape of a pear, made of pottery and yellow. I could see that there was probably not enough for 6 gingerbread houses (1 each for Big Oma and Opa, Little Granny, Papa, Mama and me) but decided to find out how many I could buy. In the shop I ordered 6 gingerbread houses to be collected in time for Christmas. The woman behind the counter said: "Dorli that costs a lot of money. Are you sure that's ok with your parents?" I wavered a bit and showed her the money that I had. She told me that she would see what she could do. She didn't mention that she was going to check with my parents, but after she did, I was asked to explain myself. The money I had was not even enough for 1 gingerbread house! This story became one of the repertoire of my family's stories and when we were back in Amsterdam it was often told to great laughter and guffawing: "Six, she ordered six houses!!"

Although I didn't have many friends there was a boy Wolfgang whose family's garden was adjacent to ours. He was a bit older than me and sometimes we would talk through the linked fencing between our gardens. He knew about my habit of collecting snails. The boys would tease me at school and bring snails which they put on the ground saying: "Look Dorli what a beautiful snail!" then they would stamp on it and grind the slimy mess down. I hated that, so I built a snail house out of wood in my garden. Unfortunately it wasn't a very good construction and the snails always escaped. Before school I would go round the garden trying to find them all and put them back. They had beautifully coloured houses, yellow and brown with black bands.

Wolfgang said: "Dorli, do you want to see my snail?" "Oh yes," I replied. To my surprise he reached inside his trousers and pulled out his penis. I waited for the snail but it turned out that this particular Schnecke (snail) was his own. I told my mother what had happened and she was very indignant about it. "Next time Wolfgang does that you just throw a handful of sand on it, that'll teach him!" She said crossly. I went outside again and found some sand; with a handful behind my back I returned to the fence. Wolfgang was not far away. “Wolfgang,” I said sweetly, “Can I see your snail again?” This was not what Wolfgang had expected and he immediately, proudly produced his penis again. I threw a handful of sand on it and Wolfgang set up a big wailing and ran home. Proudly I told my Mother that I had asked Wolfgang to show me his schnecke again and ready with the sand, I had thrown it on. She laughed and gave me a hug. Much later, when this story too had joined the family stories archive I realised that she had meant that I had to wait for the schnecke to appear and then throw sand on it; not ask for it to be shown!

These were the most memorable of my recollections of my years in Germany. Except for my memory of the last day at school 26th June 1956. I had started school after Easter in 1955. First off I had to choose a religion, Catholic or Protestant. Being without one I asked my parents what to choose; they said it was up to me, being without a religion themselves. I wondered if I could say nothing but that was not an option. After some deliberation I decided to go for Protestant, their crosses were plain and less upsetting. It turned out to be a bad choice, most of the village was Catholic and more to the point the Catholics had more feast days. Which meant that I and few more children had to go to school whilst the majority of the children were off. I asked my parents if I could be Catholic instead but they said that was a ridiculous idea which I would not be able to explain and besides I should have thought about the feast days; it was just bad luck.

The sense of being an outsider was strengthened during my school time. I had one friend whose family were themselves a bit outside the norm because they were vegetarian and dressed very plainly and a bit odd. I on the other hand was always trying to fit in and even had a ‘Sunday’ dress, ein Dirndlkleid, a sort of national costume and I could do a very nice curtsy, eine Knickse, when meeting an adult. But nothing could make me be liked by my schoolmates and every day after school they would be waiting for me, ready with stones. The back of my garden was almost at the end of the school field, which was not so much a field as an expanse of trampled down sand and mud. I became very good at running fast; when reaching the back gate of my garden I would throw myself over, fall to the ground, get up and start running again until I got to the back of the house. On a good day the stones wouldn't reach me. There were many good days but I could never get home without running fast and throwing myself over that gate. I've been back to Germany since and the house and gate were still there. It wasn't high at all, but in my mind's eye it will always be as high as it was when I was six years old. I never told my parents and when I did many years later my mother remarked that that was why I had turned into a good runner. Many years later still she said that she was sorry I had never told them at the time.

My revenge came on the last day of school, 26th June 1956, when I stood up to the bullies. At home time I tried to be quick getting my satchel and coat so that I could start running straight away. The bullies had a special treat for me that day; one of them pretended to wish me all the best in my next school, thus waylaying me. Too late I realised what was happening and was surrounded by the gang. They called me the usual names, cheese head, stupid Dutchy and more. Nearer and nearer they began to close in. Suddenly a great rage took hold of me and I started to swing my satchel around to keep them at bay. Paff, one child fell down, hit by the satchel. In a whirlwind of fury my mind worked out that I had to keep on turning and spinning with the satchel to break the circle. Paff, paff, a few more down. Now! Run! I ran faster than ever and reached the gate, over, get up again, then on to the house. No stones came my way and when I looked back there were no children at the gate.

On that day no one had followed me. Again I didn't tell my parents what had happened. When I did, about 10 years ago, my Mother said that she had no idea that life was so awful for me during that time, but that one of the reasons we had returned to the Netherlands was because I wasn't thriving and she didn't want my sister and I to grow up in Germany. She also said that she was very sorry about it all. We had a little cry, hugged and at last it was ok and I no longer felt hard done by.

I realised that my parents had done their best for us. My parents were really great and adventurous people and true survivors, of whom I am very proud. My parents, grandparents and all those that I met during my childhood in Germany have made me into the person I am; adaptable and resilient.

Opposite page: Back in Amsterdam, Joke and Dorli 1956

Above: Anna Fredriks on the Dam square in Amsterdam, 1940

Opposite page: Joke Nauta, Amsterdam circa 1972

16-7-04 A'dam

L.S. Claimnummer 10M 129229

Mevr. A.M. Nauta Fredriks
Langswater 114 13e étage
1069 TR Amsterdam
TEL: 020-6194389

Ik reageer en protesteer vanwege
uw brief van 1e juli 2004
Wat uw maatslaven betreft dat zijn
ook de mijne en ook deze.
Mijn man was 19 jaar toen hij
gedwongen werd, bij de I.G. Farben industrie
te Auschwitz te werken.
Onder den bedreigende en geweldadige
omstandigheden!

Mijn echtgenoot overleed
de 8-7-02

Hoog achtend

A. Nauta

Anna Nauta's appeal letter

My father never knew the outcome of the long application process for compensation; it was rejected on the 1st of July 2004. My mother wrote a response and appealed on his behalf. She wrote:

16.7.04

I react and protest about your letter of 1st of July 2004.

With regards to your standards of reasoning why my husband should not be compensated, I would like to say that I have my standards also.

My husband was 19 years old when he was forced to work for I.G.Farben Industry in Auschwitz. He had to work under threatening and spirit numbing circumstances.

My husband died on the 8th of July 2002.

Yours faithfully,
A.Nauta

The appeal was unsuccessful and rejected on the 4th of October 2006.

Oppostie: Wim Nauta, May 1946

Timeline of events

10 May 1940	Netherlands invaded.
15 May 1940	Netherlands surrender.
15 June 1943	Call up announcement for all Dutch males between the ages of 18 and 20 to report for work in Germany.
17 June 1943	Wim Nauta checks in with his call up card, Ausweiss (ID card) and birth certificate at the 'Atlanta' building in Amsterdam.
21 June 1943	Document of the Labour Exchange states that Wim will work for I.G.Farben in the area of Oberschlesien; the destination station is Auschwitz.
28 June 1943	Departure for border town of Bentheim.
29 June 1943	Arrival in Rehbrücke transit camp.
30 June 1943	Wim arrives in Auschwitz and receives his work contract from I.G.Farben.
January 1945	The Russian Army advances. Germans who have occupied Polish farms are getting ready to trek back to the West.
21 Jan 1945	Auschwitz is heavily bombed. A document states that Willem Nauta was in Auschwitz-hofen camp on that day. This is also the date on the forged marching

	order which Wim typed on the back of his work contract. On that day or shortly after the Trek leaves Auschwitz.
5 Feb 1945	The Trek arrives in Steinberg, nowadays in the Czech Republic known as Steinbeck. (Aproximately 150 km from Auschwitz; estimated progress of 10 km per day for a foot trek in winter.)
11 Feb 1945	The next confirmed stop of the trek was Mährisch Schoenberg. (Now known as Šumperk in the Czech Republic; another 52 km in a straight line from Sternberg covered over 5-6 days. This is the date of a rail ticket to Niedersachswerfen.)
13 Feb 1945	Wim travels from Heidenau by train to Dresden. On the evening of 13th February1945 the air raid over Dresden commences.
16 Feb 1945	Wim works in Lehman Maschinen Factory for 'about 2 months'.
1 April 1945	Tickets bought from Heidenau to Leer and a stop made in Leipzig.
3 April 1945	Stopped in Leipzig.
Probably 5 April 1945	Journey continues by train, Leipzig to Leer, arrival in the morning of the following day. The distance from Leipzig to Leer is about 450 km.

Probably 6 April 1945	Leer to Nieuwe Schans (Bad Nieuweschans) by train, about 25km then walking through no man's land to Winschoten.
Probably 7 April 1945	First night in Winschoten with the Perdon family.
9 April 1945	Date of employment document and repatriation declaration.
16 April 1945	Liberation of Winschoten.
5 May 1945	Liberation of The Netherlands.
11 May 1945	Red Cross telegram to Wim's parents.
12 June 1945	Wim Nauta is back home in Amsterdam.

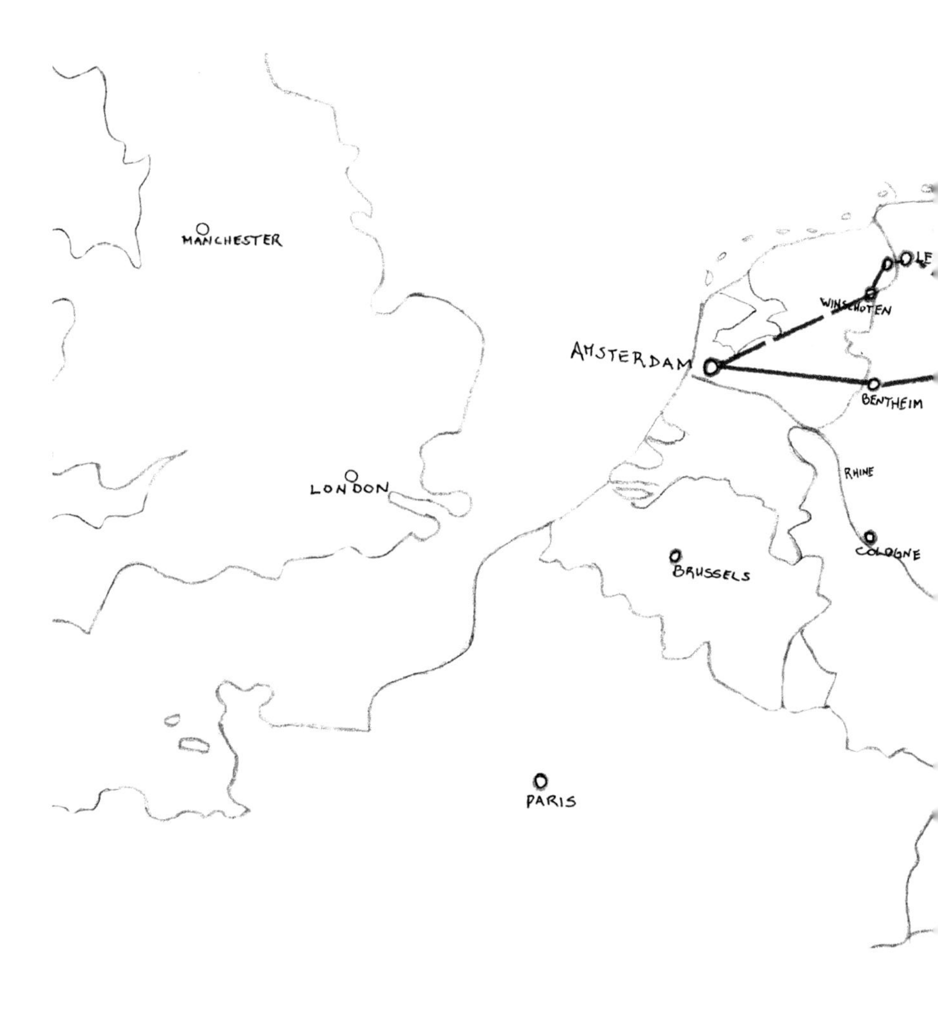

Amateur impression of Wim Nauta's journey from A to A and back again.

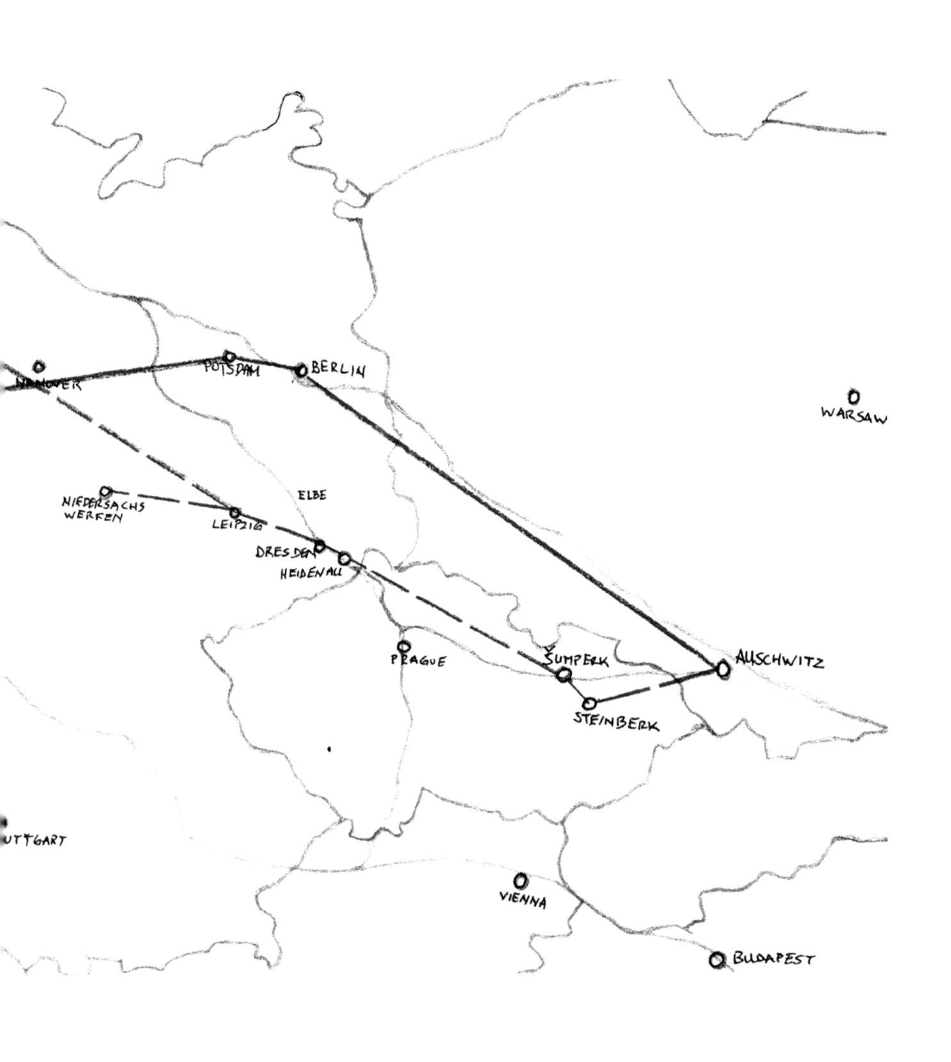
POTSDAM
BERLIN
WARSAW
ELBE
NIEDERSACHS
WERFEN
LEIPZIG
DRESDEN
HEIDENAU
PRAGUE
ŠUMPERK
AUSCHWITZ
STEINBERK
UTTGART
VIENNA
BUDAPEST

Captions to Wim's photo album which he titled:
'A/Z OBER-SCHLESIEN ...WINSCHOTEN....1943-1945...'

Left to right, Wim Nauta, Carel Uriot, Jan Groenenstein.

Old part of Auschwitz town.

I.G.Farben trip, boat crossing. In middle of the boat Carel with mandolin, Jan and Wim with guitars on their backs.

Local town.

On a day out in the countryside.

Meeting a goat on a day out.

Wim, Carel and Jan playing their guitars on a walk in the countrydise.

Meeting a goat on a day out.

Jeff, Jan and Wim.

Wim, Jan and Carel. Are the boys in the background in some sort of uniform? Hitler Jugend?

Jeff, the Belgian journalist who the boys befriended.

Jan, Wim and Carel.

Jan, Wim and Jeff.

Wim, Jan and Carel.

Postcard. On the back is printed: ISTEBNA,
Slask.Ciesz Widok ogolny
Naktadem S.Hemerling, Bielsko
Przedrok wzbroniony

Jan Groenenstein, Jeff.

Wim, Carel and Jan.

Carel Uriot.

Carel, Jan and Wim.

Wim, Jan and Carel.

In the mountains.

Jan, Carel and Wim.

Small house on the right hand side.

Carel in the barracks at Auschwitz.

The Dutch waiter in the canteen at Auschwitz.

In the canteen, Carel, Jan and Wim.

Jeff.

Climbing up.

Going down.

The view.

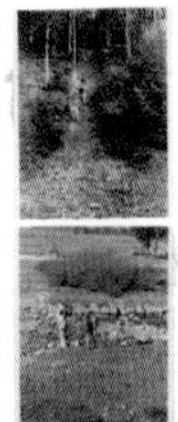

The descent.

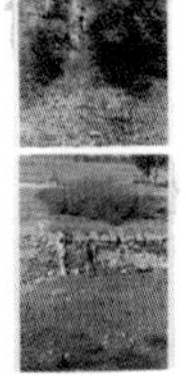

Jan and Carel crossing the stream; Wim looking on.

Wim, Carel and Jan.

Jeff.

Consulting the map, Jan, Carel and Wim.

The farm where they stayed at Easter time 1944.

Wim, Carel and Jan.

Jan, Carel and Wim.

Wim, Carel and Jan.

Jan, Jeff and Carel.

Jan, Wim and Carel.

Carel, Jan and Wim.

Wim, Carel and Jan.

Carel, Jan and Jeff.

Jan, Wim.

Carel, Jeff.

Wim, Carel and Jan.

Wim with the Dutch waiter and Jan. Exterior view of the canteen at Auschwitz.

Carel skiing. The boys forced the lock on a log cabin to use the skis, which they returned afterwards.

The skiing trip.

The serving personnel from the canteen at I.G.Farben.

Work trip I.G.Farben, mainly Dutchmen.

Left: Family Perdon in Winschooten; the young girl Marietje is their daughter.

Right: Mr. Perdon

The girlfriend from Winschooten.

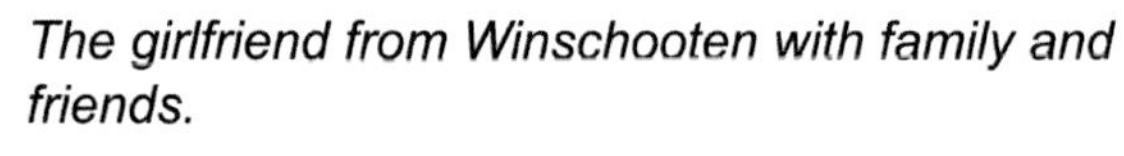

The girlfriend from Winschooten with family and friends.

The house of the family Perdon.

With thanks to:

The Six Point Foundation, especially Chava Erlanger and Gwen Riley Jones, with whose help this book became a reality.

Artur Worobiej, in Poland, for sharing his ‘knowledge on the ground’ and mapping the route.

My lovely family and friends for their support and encouragement.

Book design by Gwen Riley Jones and Dorli Nauta

Published by A Riley Jones Thing, Manchester, England
ISBN 978-0-9933547-1-7

This book was supported by: